中国音乐学院科研成果出版资助

中国音乐学院
图书馆学科馆员研究论文汇编
2013-2023

靳婕 —— 主编

中央民族大学出版社
China Minzu University Press

图书在版编目（CIP）数据

中国音乐学院图书馆学科馆员研究论文汇编：2013—2023 / 靳婕主编. -- 北京：中央民族大学出版社, 2024.9. -- ISBN 978-7-5660-2412-1

Ⅰ. G258.6

中国国家版本馆CIP数据核字第2024HL3838号

中国音乐学院图书馆学科馆员研究论文汇编（2013—2023）

主　　编	靳　婕
责任编辑	周雅丽
封面设计	舒刚卫
出版发行	中央民族大学出版社
	北京市海淀区中关村南大街27号　　邮编：100081
	电话：（010）68472815（发行部）　传真：（010）68933757（发行部）
	（010）68932218（总编室）　　　　（010）68932447（办公室）
经 销 者	全国各地新华书店
印 刷 厂	北京鑫宇图源印刷科技有限公司
开　　本	787×1092　1/16　　印张：10.5
字　　数	160千字
版　　次	2024年9月第1版　2024年9月第1次印刷
书　　号	ISBN 978-7-5660-2412-1
定　　价	88.00元

版权所有　翻印必究

中国音乐学院60周年校庆出版物
编委会

主任：李心草

委员（按姓氏笔划）：

王士魁　王中山　王　萃　付晓东　毕明辉　刘　嵘　刘　蔓

许知俊　吴志武　吴碧霞　陈　楠　金　野　高　缨　郭　彪

黄　滨　康瑞军　韩　冰　樊禾心

中国音乐学院
六十周年校庆系列出版物
总　序

　　一甲子风华，六十载弦歌。1964年，中国音乐学院在周恩来总理的亲切关怀和指导下成立。六十年来，学校始终坚持党的领导，坚持社会主义办学方向，坚守弘扬与发展中华优秀传统音乐文化的办学初心，被誉为"中国音乐家的摇篮""中国音乐的殿堂"。走进新时代，学校坚持以习近平新时代中国特色社会主义思想为指导，贯彻落实习近平文化思想，以"仁爱、诚信、博学、精艺"为校训，秉承"承国学、扬国韵、育国器、强国音"的办学理念，致力于建设中国特色世界一流高等音乐学府。如今，已发展成为国家"双一流"建设院校、北京市"高水平研究型大学"建设院校、"全球音乐教育联盟"秘书处学校。

　　六十年春秋，中国音乐学院始终坚持办学初心，坚持以人为本、开放办学，汇聚了大批德才兼备的名家名师，组成了一流的师资队伍，为学校的人才培养、科研工作和学科建设提供了坚实有力的资源支撑。学校教育教学覆盖研究生、本科、附中（预科）三个层次，形成了集音乐学、作曲与作曲技术理论、音乐表演、音乐教育、艺术管理等多维一体的教学体系。在六十年的办学历程中，中国音乐学院秉承中国音乐传统，遵循艺术教育规律，培养了大批国际化人才，向海内外输送了大批优秀毕业生，他们活跃在国内外音乐舞台和音乐教育、学术科研等各个领域，讴歌社会主义主旋律，传承民族优良传统，传播中国音乐文化，赢得了良好的社会声誉。学校与数十所世界一流大学及国际知名院团建立了战略合作关系，为促进中外音乐文化交流和资源共享提供了重要渠道，为中国音乐的继承、发展、弘扬和传播做出了重要贡献。

　　中国音乐学院始终牢固树立"以人民为中心"的艺术创作导向，开展有组织的科研和高水平的艺术创演，把六十年办学实践积淀的文化资源转化为服务国家文化战略和新时代首都发展的独特优势。学校拥有艺术学一级学科博士点、音乐专业类别博士点，建立了博士后科研流动站，被列入"中国政府奖学金来华留学生接收院校"，在教育教学、学科建设、国际交流等方面均取得了显著成绩。

值此六十周年校庆之际，中国音乐学院特推出系列出版物，包括展现学校历史、现状与未来的学术成果汇编、资深教授文集、创作作品、表演成果、音像制品等。这些出版物不仅记录了学校的发展历程，体现了学校在音乐创作、表演、研究和教育领域的深厚底蕴与卓越成就，更彰显了学校在音乐教育和文化传播上的日益增强的影响力。

系列出版物的出版，旨在厚植传统，继往开来，是对学校历代师生智慧与汗水的致敬，也是对未来音乐发展与研究的期许。在此，向所有为中国音乐学院发展做出贡献的师生、校友以及社会各界人士表示最诚挚的感谢。让我们携手并进，以六十年的辉煌为新起点，开启中国音乐学院和中国音乐更加灿烂的明天，为进一步提升国家文化软实力和中华文化影响力，为世界音乐文化的交流与发展贡献中国智慧和中国方案。

中国音乐学院院长

2024 年 9 月

目 录

专题研究 ·· 001

博物学、博物馆与音乐元宇宙的融合研究
——以"智慧型乐器博物馆"为例　付晓东　黄司祺 ·············· 001

中国乐派智慧型乐器博物馆的构建与实现
　张 瑜　勾 宸　付晓东 ·············· 011

乔建中先生与中国音乐学院图书馆"中华传统音乐活态资源建设"
专项的 20 年之缘　罗四洪 ·············· 025

活态民间音乐文化资源建设的实践与思考　马英珺 ·············· 039

图书馆理论与实践 ·· 048

面向中国音乐学院中国乐派"8+1、思政 +X"课程体系的
文献保障建设研究　胡文琴 ·············· 048

大数据时代数字图书馆面临的机遇与挑战　靳 婕 ·············· 056

新媒体视野下音乐音响档案的创新应用探究
——以中国音乐学院图书馆为例　靳 婕 ·············· 062

全国高等音乐院校图书馆基本情况比较
——基于 11 所音乐院校图书馆网站数据的调查分析　牟晟斓 ········· 072

"互联网 +"背景下艺术院校图书馆特色音乐资源构建与利用研究
宁方华 ·············· 082

音乐学院图书馆应急管理与学科服务探究
——以中国音乐学院图书馆为例　靳 婕　尚文佳 ·············· 091

嵌入式服务在艺术类高校图书馆中的实践与启示　　张紫薇 ……… 100

艺术档案管理 …………………………………………………… 110
元数据在音乐家手稿档案建设中的应用　　马英珺 …………… 110
多学科视角下的黎英海管弦乐作品手稿典藏、研究与实践意义
　　张紫薇 …………………………………………………… 116

数字化建设 ……………………………………………………… 123
新媒体时代历史声音文献数字化解决方案
　　——以中国音乐学院图书馆馆藏老唱片为例　　靳　婕 …… 123
中国音乐大典数据库的设计开发与应用　　马英珺 …………… 136
高水平研究型音乐院校机构知识库的构建探究
　　张　瑜　李春华　尚文佳　靳　婕　付晓东 …………… 149

后　记 ……………………………………………………………… 160

专题研究

博物学、博物馆与音乐元宇宙的融合研究
——以"智慧型乐器博物馆"为例

付晓东　黄司祺

摘要： 系统音乐学的研究需要将遗失在自然科学领域的博物学传统重新寻回，采用数字博物馆建构与虚拟现实技术，使音乐学理论与实践在新文科建设理念的导向下，与自然科学、社会科学进行学科交叉与整合。本文以建构智慧型乐器博物馆为个案，对其缘起、当下与未来进行了描述与思考，探索将乐器考古与发展史、乐器材料与工艺学、乐器声学与科技等整合进数字博物馆虚拟空间，并以人工智能技术对其形成开放性支持，从而形成一个音乐的元宇宙。

关键词： 虚拟现实；乐器博物学；元宇宙；新文科

博物馆是人类对已知世界用样本采集、分类定义、场景浓缩等方式的离散化表达。其中自然博物馆试图描述宇宙138亿年的历史，生物博物馆记录了生命40亿年的演化历程，历史博物馆承载着人类自第四纪时代以来数百万年的文明记忆。有理由相信，在人类演化进程中，音乐甚至早于语言，伴随了我们100万年以上。但是人类对其的记录与发掘手段极其有限，用音响来

记录音乐的历史，只有区区145年（留声机）；用符号来推演，仅仅有3400多年（Hurrian Songs）；用乐器来呈现，则可以追溯至6万年前（Divje Babe flute）。在录音技术与记谱法出现之前，一件遗存乐器的价值不亚于一枚古生物化石。化石记录着生物的形态、结构，可以推演生物起源与演化进程，推断其所处地层的地质年代与生态环境，并以此为模型来解释当下与预测未来。而乐器呈现出的材料工艺、振动体类型、演奏方式、音高序列、图形纹饰等，是追溯音乐文化发展脉络的可靠来源，甚至借此描述音乐，可演绎重绘出人类文明史的细节场景。如金、石、土、革、木，是人类对自然材料的选择与发现史；弦、管、膜、板、簧，是人类驱动振动体发声的工艺史；吹、拉、弹、打、摇，是人类操控乐音、噪声的行为史；而弦乐器上的一弦一柱、管乐器上的一孔一目，则是人类调制频率与音高的乐律史。因此，一座乐器博物馆不仅仅是人类音乐长河中最悠久、最客观的记载，也是人类与自然互动过程中的材料、力学、声学与工艺的历史。

一、博物与博物学传统

博物的传统始于收藏与展示，汇集精粹而构建出一个理想的陈列空间，它带有幻想与浪漫色彩，也有些许的炫耀意味。天堂（Paradise）、伊甸园（Garden of Eden）、极乐世界（Elysium）以及桃花源和华胥境，是这个星球上不同文化的人群所构想出的乌托邦（Utopia），是为理想之界、福地乐土。正如王尔德（Oscar Wilde）所说："一张缺少乌托邦的地图，是根本不值得一顾的。"但是它却与我们的现实之境处于平行与隔离状态。在福柯（Michel Foucault）的构想中，博物馆是一个异托邦（Heterotopia），即规划之境、现实映射之境——与当下所称的"数字孪生"（Digital twins）有相似之处。"博物馆将处在不同时间的迥异之物聚集于单一空间中，并试图将其时间构建为一个封闭整体，从而不受时间的侵扰。"抛开博物馆的乌托邦或异托邦之对立理念，从本质上看，博物馆是对人类将客观世界作为认知对象，将其色目种群进行甄别滤选后，取其典型性样本而保留在规划之境中，以避开时间的噬食与销蚀。它暗合了《圣经》中诺亚接受神谕，将凡有血肉活物取其公母，飞鸟、牲畜与昆虫各从其类而择之，带上方舟以避洪水的毁灭。只不过，人类博物馆中的样本比选和采集，并不奉神授旨意而行。

博物馆（Museum）一词源于希腊语Mouseion，即缪斯（Muse）神庙，其中供奉着九位掌管诗歌、音乐和美术的女神，而女神Muse还有灵感、沉思之意，并由此派生出Music（音乐）和Museum（博物馆），由此可知音乐与博物之渊源。世界上第一座博物馆是公元前3世纪的亚历山大博物馆（Alexandrian Museum），是音乐与诗歌之家、哲学与图书之所，集博物收藏、图书阅览与学术训练于一体，类似于今天的大学。始于15世纪的大航海时代，亦被称为大发现时代（Age of Exploration），虽然裹挟殖民与掠夺之恶行，却开启了地理大发现与全球化的浪潮，随之也为博物馆带来了空前丰富的藏品。17—18世纪的欧洲博物馆以个人、家族与艺术机构的收藏为主，展示稀有品与精美的手工艺品，当时被称为奇趣屋（Wonder room），而开设博物馆并展示收藏，也是收藏人进入上流社会的进阶途径之一。伴随着博物馆的风行，启蒙运动开始兴起，摆脱了神权束缚的自然主义者或博物学家（Naturalist），义无反顾地抛却了上帝视角，开始从人类主体角度去观察并描述世界，梦想建构出自然界无所不容、包罗万象的"百科全书"（Encyclopedia）。第一座面向公众的博物馆——阿什莫林博物馆（Ashmolean Museum）于1683年在英国牛津创建。

博物学（Natural history）可追溯至更早的公元前4世纪时期的亚里士多德（Aristotle）等古希腊哲学家们对自然界的多样性分析。老普林尼（Gaius Plinius Secundus）于公元77年完成的《博物志》（*Naturalis Historia*）是古代百科全书的代表作，其37卷的巨著包含了天文、地理、人种、动植物、农业、药物、冶金和艺术等科学知识。福柯甚至认为，"博物学的基本任务就是分类与命名"，林奈（Carl von Linné）则在1735年完成了《自然系统》（*Systema Naturae*）一书，描述了自然等级和生命之链，从原始形态至复杂生命形式，最终以人类物种为终结，初步完成了生物演化线性进程的描述。更重要的是，林奈为地球物种进行了界、门、纲、目、科、属、种的分类与属种双名命名法，博物学家们则按图索骥，成为博物馆的组织者与收藏者，而远洋舰队的环球探索、新大陆的发现和洲际贸易的繁荣，为博物馆藏品的充实与丰富带来了空前的机遇，现代博物馆的模型由此形成。19世纪是博物学的黄金时代，博物馆作为自然科学家的采样室，是掇菁撷华以供大胆假设、小心求证的最佳场所，博物学当之无愧地成为孕育现代科学的母体，博物学家则扮演了知识体系基建师的角色，如居维叶（Georges Cuvier，1769—1832）、拉马克（Jean-Baptiste Lamarck，1744—1829）、赖尔（Charles Lyell，1797—1875）、华莱士（Alfred Russel Wallace，1823—1913）、法布尔（Jean-Henri Casimir Fabre，1823—1915）等等，他们直接开启了诸如生物学、解剖学、地质学、人类学、地理学、昆虫学等学科，其中最为耀眼的无疑是达尔文（Charles Robert Darwin，1809—1882），他乘坐"小猎犬"号至加拉帕戈斯群岛，与上帝毅然诀别，携着他的进化论当之无愧地站在了博物学之顶峰。20世纪随着学科分类的细化，博物学母体慷慨哺育着各子学科，使得他们如同杜鹃幼鸟般急剧成长而膨大，导致博物学之母体反被排拒出自然科学的窠巢。但是与博物学衰落而形成鲜明反差的是，博物馆与博物学剥离，19—20世纪进入了"博物馆黄金时代"，国家层面的自然史博物馆（Museum of Natural History）和艺术博物馆（Art Museum），在全球各国纷纷建立起来，成为记录自然与人文进程的橱窗，彰显国家实力与民族文化的名片。

不可否认，进入21世纪以来，尽管有学者大声疾呼博物学的复兴，但在自然科学、社会科学的舞台上，追光灯不再聚焦于博物学家已是不争的事实。抛开论证博物学在自然与社会科学领域复兴的必要性之话题，在当下的人文学科领域中，重新点亮博物学之火炬，普照于壁垒森严、沟壑遍布的各学科领地，确是推进"新文科建设"理念的落地和成败之关键。今日文科之痛，在于学科门类—学科大类—专业的三级架构下，主脉（学科门类）、侧脉（学科大类）与细脉（专业）的三架构分布之下，进一步分裂出数量繁多的毛细脉（方向）以及微细脉（子方向），这些毛细与微细、支脉的数量之繁多，已让人叹为观止。以某音乐学院为例，其2023年硕士招生方向竟然已经达到69个，而这69个方向的上一级专业仅为五个。如此繁杂的层级细分，造成了各专业方向呈放射状渐行至渐远、渐远至渐细、渐细至渐梗。"新文科建设"与"旧文科"的根本区别，在于后者固守"分科而治"，前者追求"学科融合"。在自然科学领域衰落的"博物学"，恰恰应该在当今人文学科领域中得以接力传递。文科要从孕育了现代科学体系的博物学母体中，汲取自然科学的理性逻辑思维、客观实证方法，从社会科学中获取脚踏实地、仰望星空的致用精神，而博物学先天具备的人类视角与格物致知的人文情怀，也会再度重塑并提醒文科研究之"初心"。以此为鉴，对于音乐学的新文科建设，着力点即可落脚于音乐的有形之器之中，集合乐器的材料工艺、源流分布、形态分类、声学特征、演奏技法、社会功能、审美内涵等研究，设置"乐器博物学"学科。在实践层面上以建构乐器博物馆为入口，开启并建构"音乐博物学"之大门，向内可以贯通音乐表演、艺术创作与理论研究各方向，向外可延伸至数理哲社等学科的广阔空间。

二、博物馆实践

每一类乐器的音响激发过程，都体现着人类对动能–声能转化的深入理解与精确掌握，每一件乐器的材料工艺，都反映着人类对物质属性的巧妙运用与合理组合，而遍布于五大洲的乐器源流、形制演变及音色特征等，则隐含着人类走出非洲的迁徙路线、宗教与战争的冲突印记、民族与部落的分合历程等。琴弦从植物、马尾、蚕丝、尼龙到钢丝，演变出琉特、齐特、竖琴等各类弦乐器；簧片从树叶、虫壳、麦秆、苇茎到铜片，演变出单簧、双簧、横吹、竖吹等各类管乐器，而骨笛、号角、口弦、陶埙、皮鼓等乐器随着人类的迁徙而遍布全球，其中的个例如巴尔巴特（Barbat）向西演变成琉特（Lute）和吉他（Guitar），向中东演变为乌德（Oud）和塔尔（Tar），再向远东至东亚演变为琵琶……乐器的形制、音声、技法、工艺以及社会功能的演变，蕴含着人类文化基因的传承、演化与创新之线索。

器以载道、以有形寓无形，2022年启动的"中国乐派智慧型乐器博物馆"便是依此理念而建。华夏之乐，上有黄钟大吕、金声玉振的庙堂之乐，是以钟磬柷敔为器；下有吹拉弹打、丝竹笙簧的民间俗乐，是以弦板皮簧为器；而古琴，独以一件七弦之器，上隆以承天、下方以驻地，撑起了文人清乐的一片风雅景致。庙堂之上的礼乐文化，构成我们这个文明的顶层设计，所谓"乐由天作，礼以地制"，"乐者，天地之和也；礼者，天地之序也。和，故百物皆化；序，故群物皆别"（《礼记·乐记》）。礼乐乃天地万物秩序的体现，但是国人几乎已经将其音响、形制遗忘，因此乐器博物馆首先重建的是可交互体验的"中华雅乐馆"，以全景沉浸式重现庙堂之乐，再建吹拉弹打诸乐器馆，以身临其境的虚拟体验来感受中华当代乐器的灿烂文化。

"智慧型乐器博物馆"在形式上是一个数字化博物馆。它不仅要承担传统博物馆的基本功能，更以其"智慧型"博物馆为其鲜明特征。其基本功能体现在：乐器的演奏及其音响数据体现了中华音乐传统的艺术神韵与审美品质，乐器的制作工艺影像凝结着中华民族的智慧与技能，乐器的发展历史记载着中华文化源远流长的发展脉络。将乐器的形、质、声、史、人分类搜集整理，是中国音乐在"器"之层面的剖析、"体"之层面的呈现，由此展开对中国乐派的"道"之辨、"用"之观的探索。其智慧型特征体现在：以虚拟现实（VR）技术实现对乐器的交互体验、以人工智能（AI）技术实现对乐器实体与音响的实时识别。前者使用户可以突破时空的局限，对乐器进行身临其境的全方位体验与知识获取；后者使用户实现对乐器实体和音响的即时识别，并跳转至乐器博物馆所建设的多媒体图文影音知识库中，从而获得对乐器的深入理解。由此，"中国乐派智慧型乐器博物馆"既是一座容纳了多维度信息的数字化乐器博物馆，还是一座提供了直播、交互拓展的数字化乐器科技馆。

步入博物馆大厅，首先呈现"吹、拉、弹、打"四个分类馆，中华雅乐、新疆乐器、云南乐器等主题馆（可扩充），以及乐器表演、讲座与采风直播间。分类馆以民族乐器的演奏方式为分类，本着应收尽收之原则，将中华民族传统乐器进行3D建模、声音的分力度采样，用户可对其进行多维度交互式体验。各主题馆"中华雅乐馆"则重构了雅乐中的所有乐器，如1∶1复制的以曾侯乙编钟、编磬实体乐器为原型，对其进行了精密扫描以3D建模而呈示，并以虚拟现实交互系统实现了一钟双音的真实演奏效果。用户可以在中华雅乐馆中对所有乐器进行交互体验、历史溯源、影音欣赏以及乐器的声学可视化呈现。博物馆中所有收录的乐器，都可以通过AI程序进行智能识别而进入。

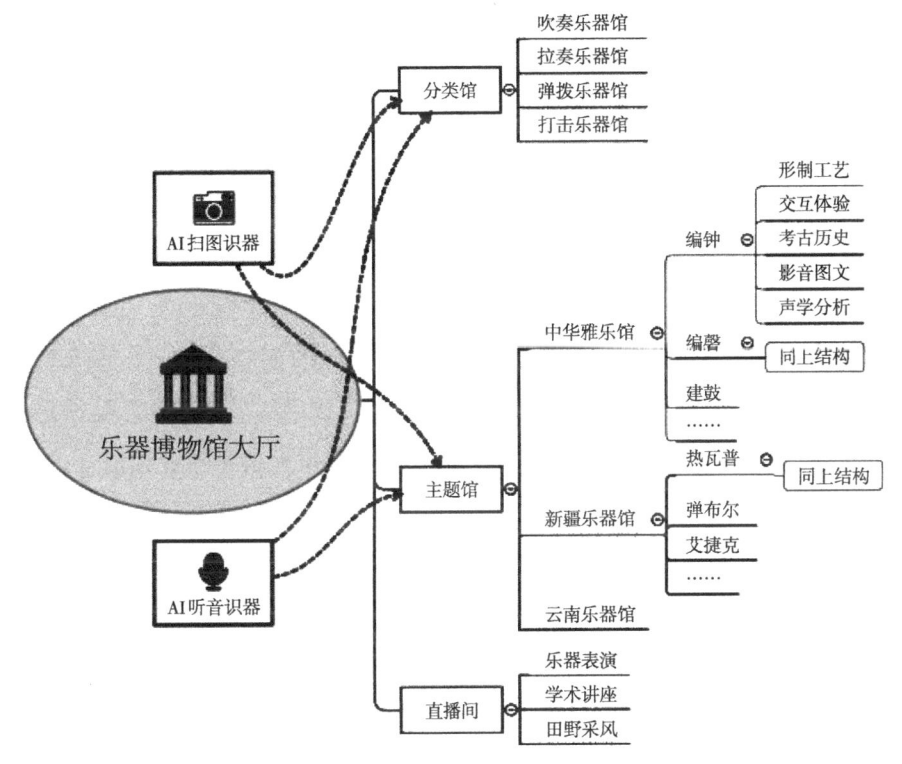

图1 智慧型乐器博物馆布局

可通过计算机（键盘鼠标操作）、移动设备（触摸屏操作）或VR设备（VR头盔及数据手套）三类终端进入博物馆。其中计算机端和移动设备端可以完成线上博物馆的空间漫步、乐器图文展示、360度缩放观摩、多媒体影音资料欣赏、乐器声学分析等，并可通过鼠标键盘与触摸屏实现乐器的现场演奏体验。而VR端则在很大程度上实现了技术创新与功能突破，采用HTC VIVE Pro虚拟现实系统+Noitom Hi5数据手套，组合成一套沉浸式虚拟现实与体感操控交互系统。前者是头盔式显示器及运动手柄，可通过空间内的激光扫描实现体位与手势的精确定位（HTC Lightinghous），Noitom Hi5数据手套则是我们专门为民族乐器演奏而开发的演奏传感器，可通过指关节弯曲传感器即时传导弯曲的程度与速度,从而响应手指对乐器的演奏动作。

乐器博物馆的图像与模型部分,使用三维图形软件3D MAX为中小型乐器建模,再使用PhotoShop为模型贴图渲染;对于编钟、编磬等大型乐器,则使用Artec Leo3D扫描仪对实物进行精细化扫描建模;使用Unity 3D引擎创建虚拟现实场景、导入乐器三维模型;为每件乐器设置演奏触发区域;智慧型乐器博物馆的音频部分使用音频工作站Pro tool HD对乐器音响进行实时采样并剪辑,形成24bit/96kHz格式的样本文件,通过MIDI协议将其映射至Unity 3D中乐器模型的特定触发区域。用户通过虚拟现实系统仿真乐器的实时演奏,产生乐器音响。

智慧型乐器博物馆的"智慧"功能体现在两个方面。(1)听音/录音识器:使用手机等终端接收乐器音响,即可智能识别出该乐器,并进入乐器博物馆,对该乐器进行VR交互体验。这是通过给计算机提供大量乐器音频信号,构建模型训练数据库,通过机器学习技术,提取出该乐器音响的频谱指纹(Audio fingerprint),从而对实时接收的音频信号进行匹配,从而实现对乐器的音响识别。(2)拍照/扫图识器:使用手机等终端对乐器实物、乐器图片进行拍照,即可识别出该乐器,并进入乐器博物馆,对该乐器进行VR交互体验。同样,这也是通过建立大量乐器图形的数据池,构建模型训练数据库,通过机器学习技术,提取该乐器的图像特征,与实时扫描的图形特征进行匹配,从而实现对乐器的图像识别。

三、音乐元宇宙构想

"元宇宙"(Metaverse)是当前的热点词语,2021年被媒体宣告为"元宇宙元年",号称它将以席卷之势改变我们与世界的对话与交流方式。元宇宙发展之迅猛使其定义在扎克伯格最初所描述的"超强沉浸感的社交平台"的基础上逐渐抽象化。清华大学元宇宙文化实验室于2022年11月发布的《元宇宙发展研究报告3.0》中定义道:"元宇宙是高度沉浸且永续发展的三维时空互联网(数字孪生、虚拟原生、虚实共生),是人机融生三元化(机器生命、虚拟生命、自然生命）的多感官通感的体验互联网，是能够实现经济增值的三权化（可读、可写、可拥有）的价值互联网。"IT巨头们从中看到了数字经济的无限储量，电子游戏商们将其描绘成为一个全新的游戏环境，各大网络社交平台宣称它将改变我们的沟通方式与生存场景、硬件开发商们则趁此波热潮纷纷发布更高分辨率的VR眼镜、更多通道的传感器……笔者将从音乐的角度谈一下个人对其的理解。

元宇宙对应的是现实宇宙（Universe），实际上暗合了福柯所构想的异托邦。它可能源于人类的梦境，人类的丘脑将基于现实所产生的意识重新组合，绕过前额叶的处理区，直接发送至枕叶视皮层而产生各种视觉场景：或重温往事，或前缘接续，或幻化出光怪陆离与超能异术，时而主宰因果轮回、时而堕入被动裹挟——而这一切，都在双眼紧闭、肢体瘫痪的状态中发生。而一切梦境的结局是：双眼睁开的那一瞬间，就是场景结束之时。无论梦中经历多少事件，现实却毫无改变。人类似乎永远对梦境、对虚构世界充满着向往，从艺术到乌托邦，都是虚构对现实的补偿。

但是虚拟现实（VR）、增强现实（AR）、混合现实（MR）以及构想中的脑机接口（BCI），加持以区块链、NFT等技术，就能够让我们在睁眼之后，将虚构（梦境）与现实叠加，并由虚构（梦境）对现实、现实对虚构（梦境）施加影响。元宇宙概念就源起于虚拟现实，而将Virtual Reality译为"虚拟现实"其实并不能表达Virtual之全部含义，因为它还有另一个词义——"实质上的"。元宇宙是虚实共生，不是镜像孪生。它并不是现实世界的映射，而是客观世界和主观世界的融合，是现实和梦境的交叉，它还是"我思故我在"的哲学思维延伸，更是超越肉体的宇宙超验。

美术、文学与音乐，实际上就是由人类亲手设计出的元宇宙0.1版。它们基于对现实的体验而游离于现实之上，游离程度以美术、文学与音乐为升序；它们可能会对现实施加影响，影响程度以文学、美术与音乐为降序。在0.1版的元宇宙中，可以叙事、抒情，可以大胆想象，可以打破常规，至于是否会受到追捧，基本上是依靠这个元宇宙中的信息能否唤起人类的共鸣。音乐，就是用振动能量和频率为素材，组织构建出的一个"类元宇宙"世界。而乐器，则是未来所谓"脑机接口"的雏形。从这个意义上说，智慧型乐器博物馆就是一个通往音乐元宇宙的入口，即利用数字孪生技术复刻了真实乐器至虚拟场景之中，完成了异质空间的IP映射；自然人用户在虚拟空间中演奏乐器、获取知识也实现了虚实融生。在音乐元宇宙中，用户可突破空间维度，进行静态与动态的双向拓展，譬如：坐在家中，"进入"智慧型乐器博物馆沉浸式体验一钟双音、重温阿炳《二泉映月》的音乐故事；佩戴VR头显与数据手套，通过体态识别、力反馈触感等多模态交互，亦可演奏出轻重缓急、抑扬顿挫的乐曲。

智慧型乐器博物馆以虚实兼备、反哺实体的设计理念，汲取自然科学的现代化技术成果，注入人文学科之中，以乐器为线索将音乐大千世界汇聚成宇宙。或许，可视为音乐元宇宙的开端。

参考文献

[1] Michel Foucault: *The Order of Things: An archaeology of the human sciences*, Taylor and Francis e-Library, 2005.

[2] Linnæus: *Systemanaturæ, regnasive trianatur æsystematice proposita per classes, ordines, genera, &species, LugduniBatavorum.*（Haak）.

[3] 刘华杰:《论博物学的复兴与未来生态文明》,载《人民论坛·学术前沿》,2017年第5期.

[4] 杨雪泥、刘华杰:《博物学重返学者视野——刘华杰教授访谈录》,载《鄱阳湖学刊》,2017年第5期.

[5] 刘华杰:《博物学伴随人类行稳致远》,载《自然辩证法通》,2022年第8期.

本文发表于《乐府新声》（沈阳音乐学院学报）2023年第3期

中国乐派智慧型乐器博物馆的构建与实现

张 瑜 勾 宸 付晓东

摘要：基于对目前国内乐器博物馆现状的调研以及中国乐派智慧型乐器博物馆建设的前期基础，提出了构建中国乐派智慧型乐器博物馆系统，进行了需求分析，分别介绍了该系统全景体验、智能识别两部分的设计原则、设计思路和技术手段，最终介绍了系统的具体实现，并展望未来进一步丰富乐器的类型。

关键词：中国乐派；乐器博物馆；智慧型博物馆

一、引言

中华民族之声，是由宫廷庙堂的金石之声、庭院坊间的丝竹之韵与田间地头的弦索吹打共同构成，而这一切皆以华夏民族乐器为承载。历朝历代都把钟磬乐悬、琴瑟笙等"填乎绮室，列乎深堂"，乐器既为乐之形，亦为礼之具，是中华传统礼乐制度的外化之器，也是中国特色、风格与气派的具象之形。

中国乐派是以中国音乐元素为依托，以中国风格为基调，以中国音乐人为载体，以中国音乐作品为体现，以中国人民公共生活为母体的音乐流派与音乐学派的合称。"元素""风格"与"公共生活"虽然是中国乐派的抽象属性，但是它们皆可集中地体现在中华乐器的实体形制、音响与制作工艺之中；"音乐人""音乐作品"作为中国乐派的具体属性，则更是依赖于对"乐之器"的操控及其所产生的音乐音响。

很多中国民族乐器面临着保护与传承的不确定性及风险，传统乐器的保护、传承、发展、融合，是迫在眉睫的重要任务。但是一直没有任何专业机构能够全面地、系统性地对中国音乐珍贵乐器进行发掘、整理、保存等，也没有数据库平台进行资源共享。"中国乐派智慧型乐器博物馆"的设计方案，是以教育部《普通高等学校图书馆规程》（教高〔2015〕14号）[2]、《教育信息化2.0行动计划》（教高〔2018〕6号）[3]为指导纲领，构建网络化、数字化、智能化、个性化、终身化的教育模式，也是响应21世纪高校图书馆从传统"书库"功能向着现代"智库"功能重大转型的举措之一。

二、国内乐器博物馆相关项目的调研分析

据不完全统计，首都北京拥有包括各类档案馆、文物馆以及科技馆在内的公众博物馆300余座，却未建有一座面向公众以中华乐器为主题的专业性博物馆。民族乐器的个展散见陈列于故宫博物院、中国国家博物馆、首都博物馆、中华世纪坛世界艺术馆等内，既无音乐档案的专业性，也未形成任何体系。创立于1952年的中国艺术研究院音乐研究所乐器博物馆，无论是从其发展历史、乐器藏品的数量与种类、乐器资源的专业程度等，均为国内同类博物馆之最。遗憾的是，该博物馆建筑设施与设备已颇显陈旧，且未建有在线博物馆网站。实体博物馆本身也未向公众开放，因此普通民众无法获得此博物馆资源。

国内以乐器为主题的公众性博物馆并不多见，位于大连市东港的世界音乐文化博物馆，其中乐器馆部分收藏有编钟（仿制）及古钢琴、古琴等文物级乐器，除网站地图导航系统外，未见馆藏乐器数据库；由个人筹建的哈尔滨音乐博物馆，收藏有东北地区萨满仪式乐器、俄罗斯乐器以及若干中外管弦乐器，未建有数据库。此外，尚有国内乐器厂家建设的乐器博物馆，如上海民族乐器一厂中国民族乐器博物馆（上海闵行）、乐海乐器集团的传统乐器博物馆（河北肃宁）、粤升乐器有限公司的乐器博物馆（广东汕头）等，此类博物馆的共同特征是以陈列本厂生产乐器实物为主，兼顾介绍生产线与相关配件，未见有

馆藏乐器数据库。

国内高等音乐院校建有乐器博物馆的有：中央音乐学院、上海音乐学院、星海音乐学院、西安音乐学院和浙江音乐学院等，其乐器博物馆主要展示实体乐器、乐器图片与音响，其中以上海音乐学院"东方乐器博物馆"为代表，该馆收藏有以东亚与南亚乐器为主的400余件实体乐器，面向公众开放，此外该博物馆建有"世界民族乐器资料检索"数据库，仅限馆内使用。

综上所述，以本项目的研究目标为参照，对国内同类项目进行对比而得出几点结论：

1. 乐器博物馆是文化软实力的展示与体现，是传承中华国乐精髓的重要机构。国内虽有部分城市建有乐器博物馆，但是主题不够突出，未见有凝聚于"中华民族乐器"之专门机构。

2. 现有专业性乐器博物馆的乐器收藏品类与相应的专业资料建设方面有其独特优势，但是普通公众无法获得访问权限；相比之下，音乐院校博物馆面向本院师生开放，受众面有所扩大，但是其乐器收藏品类与专业资料建设则有一定局限。

3. 个别公众博物馆建有与实体博物馆配套的网站多媒体资源，但也仅以图片展示为主，未见有任何交互体验内容，其他类型乐器博物馆的网站仅仅具备展览信息发布、线路导航以及简单的文字图片介绍，不具备任何网上在线博物馆的功能，更无智能性因素的体现。

本项目中国乐派智慧型乐器博物馆一期建成后，能在很大程度上弥补目前这些博物馆在乐器馆藏方面的开放性、学术性、交互性、可扩展性的不足。任何博物馆的建设都不是一蹴而就的，本项目中对每一种乐器拟实现的数据量也比较大，所以在一期中暂定实现部分乐器，其全面性会在二期、三期逐步完善。

研究机构、音乐院校、公众机构、乐器厂家、预计本项目一期建成这五种类型的乐器博物馆在开放性、全面性、学术性、交互性、可扩展性方面的比较如表1所示。

表 1　五种类型博物馆比较

类型	开放性（面向对象）	全面性（面向对象）	学术性	交互性	可扩展性
研究机构	★	★★★★★	★★★★★	–	★★★
音乐院校	★★★	★★★★	★★★★	–	★★★
公众机构	★★★★★	★★★	★★	★★	★★
乐器厂家	★★	★★	★★★	★★	★
预计本项目一期建成	★★★★★	★★★	★★★★	★★★★★	★★★★★

三、中国乐派智慧型乐器博物馆建设的前期基础

中国音乐学院建院50多年以来，收藏有各类中华民族乐器共计360余件，包括中华编钟、唐宋乐器珍品（日本正仓院复制）、汉族传统乐器精品、少数民族民间乐器等。但是受场地所限，2017年至今一直处于封存状态。本着将现有藏品物尽其用之原则，应充分利用现代科技手段，将乐器博物馆建设成为中华乐器精品集成藏馆、中华乐器教学实践与科研基地、首都优秀文化展示窗口。以现有藏品为基础，先期建设数字化"智慧型乐器博物馆"项目，既可以扬长补短，突破硬件局限，又以高起点建设而居于国内同类院校博物馆中的优势地位。

凭借图书馆内丰富的中国音乐馆藏，可在建设数字化"智慧型乐器博物馆"的同时，形成海量知识的关联，实现中华乐器知识图谱的构建。从知识的构成角度，使中华乐器的相关知识立体化、全面化。"智慧型乐器博物馆"不仅仅展示中华乐器本身，更可以通过机构知识库的构建实现"相关学者""相关乐谱""相关典籍""相关曲目""相关历史"等知识关联。

四、中国乐派智慧型乐器博物馆的构建

"中国乐派智慧型乐器博物馆"不仅承载着传统博物馆的基本功能，更以"智慧型"为其鲜明特征。

其基本功能体现在：乐器的演奏及其音响数据体现了中华音乐传统的艺术神韵与审美品质、乐器的制作工艺影像凝结着中华民众的智慧与技能、乐器的发展历史记载着中华文化源远流长的发展脉络，将乐器的形、质、音、史、人以博物馆形式予以搜集、整理与推介，是中华音乐文化体系在"器"之层面的系统集成、"体"之层面的基础架构，由此而展开对中国乐派的"道"之辨、"用"之析，方可有据可依，有理可循。

其智慧型特征体现在：以虚拟仿真技术实现对乐器的交互体验、以人工智能技术实现对乐器的形制、分类、历史等文本与影像数据的实时识别。在虚拟现实（VR）技术的辅助下，用户可以突破时空的局限对乐器进行身临其境的全方位体验；在 AI 识别技术的支持下，实现对乐器信息的全方位识别与匹配，用户则可以体验高效的知识拓展进程，从而获得对中华乐器的深入理解。由此，"中国乐派智慧型乐器博物馆"不仅是一座容纳了海量信息的数字化乐器博物馆，更是一座提供了线上直播、交互体验与信息拓展的数字化乐器科技馆。

（一）中国乐派智慧型乐器博物馆系统与其他系统的不同

中国乐派智慧型乐器博物馆平台与前期各院系建设的数据库最大不同在于，中国乐派智慧型乐器博物馆平台是中华民族传统乐器相关资料集大成者，在全国收集、整理、整合其图像和内容。

在收集的深度、广度，以及资源的全面性，最终服务的群体来看，中国乐派智慧型乐器博物馆属于较高层级，是中华人民共和国成立后中国乐器的国家级数据库，是中国文化的具体体现及传承。建设完成后，将对中国乐器起到实现至关重要保护的目的，对中国文化的传承将产生深远的影响和促进。

（二）中国乐派智慧型乐器博物馆系统需求分析

首先，中华民族乐器的多媒体数据库对学院所藏的国乐精品乐器、国内相关机构所收藏的珍品乐器进行全面的图片影像录入、三维建模、虚拟仿真等工作。对馆藏乐器精品及中华乐器珍品的结构构造高精度还原，采用古文物还原与激光扫描的形式完全还原乐器外观、尺寸、基础构造信息，并保留其原始数据，还原原始数据信息尺寸误差在2毫米以内。对展出乐器的历史源流、制作工艺、演奏技法、乐器音色库以高品质音像形式呈现，2021年内建成50件中华民族乐器的多媒体数据展示。

中华民族乐器的多媒体数据库不仅仅是独立存在的乐器数据库平台，还应是一套与中国音乐学院图书馆馆藏中的文论、乐谱、音响影像、图片等内容相匹配的数据库系统。根据用户对知识获取的应用行为，数据库平台通过知识关联，实现知识的立体化、网格化，对每一条信息进行多媒体展现，从而对用户进行全方位的知识服务，提高知识获取的便捷程度，助力学术创新。

其次，建立民族乐器数据智能识别系统，利用图像识别与声音识别等多种识别手段，实现对乐器或图片拍照、乐曲或音阶录音的方式，一键识别出乐器的相关信息，即拍照识器、听音辨器，识别结果即时链接至以上内容，实时完整呈现中华民族乐器相关信息。预计2021年内建成50件中华民族乐器的AI应用程序。

最后，项目最终形成完整的、独立的系统平台，系统平台根据参与角色，划分为观众、业务层管理员和技术层管理员三个角色，观众层级分为游客、注册用户、重点用户三个层级，根据层级的区分，进行权限的划分。

五、中国乐派智慧型乐器博物馆的设计

（一）全景体验部分的设计

1.数据的采集和处理

本项目既是国乐的数字化升级，亦是对精品国乐乐器的数字画像与文物还

原保护，采用以简驱动繁的方式，以虚拟现实展项模型驱动扫描点云数据的方式进行开发。

将点云数据进行拼接、去噪、统一化等处理，制作造像正射影像图、平面图，利用处理好的点与数据建立三角网模型，利用模型制作立面图、剖面图，通过对模型进行纹理设置和贴图等处理制作真彩三维模型，最后将模型植入虚拟现实交互引擎中进行仿真制作，同时将原始精准测绘点云数据存在乐器模型数据库软件系统底层的数据中，采用虚拟交互去驱动修正后的模型，修正后的模型去索引精准点云数据，既能保证虚拟乐器在网络传输中的数据，又能完整地保持乐器的原形状、尺寸、厚度甚至材质等信息。

建立数据调取接口，使其与虚拟现实可视化模型形成数据通道，既为国乐乐器进行了精准的数字画像，也为后续虚拟可视化界面调取精准数据打下基础。

2. 数据著录与存储

构建数据库时，采用《信息与文献 都柏林核心元数据元素集》（GB/T 25100-2010）为基础的元数据著录标准和规范。

在进行不同类型文献加工时，其具体的著录规则和元数据规范，以《我国数字图书馆标准规范专门数字对象描述元数据规范》项目中的相关研究成果以及其他的国家标准、地方标准、行业标准作为元数据著录参考标准。

虚拟现实模型录入采取fbx格式，统一贴图为512×512，统一视频格式为mp4。

3. 系统建设原则

（1）通用性原则

为了平衡平台技术的先进性与通用性，虚拟现实开发采用组件式开发方式。这样无论是PC端/移动设备，还是穿戴设备，都具备灵活的资源再用优势。

通用的头部跟踪开发原则，是虚拟现实设计中最重要的指导原则。始终保持头部跟踪，在应用程序内部不要停止跟踪用户的头部位置，头部跟踪中即使出现短暂的停顿也会导致一些用户感到不适。因此，在低速运动的情况下使用恒定速度或使用户在他们的环境中尽量站在地面上，是此次虚拟现实开发体验所需的基本指导原则之一。

通用立体的声音源，这是出现在三维和虚拟现实中的一个相当独特的概念。虚拟空间中的声音源音频是在模拟身边的真实环境物理位置，采用模拟空间技术的录音虚拟现实声音技术。

（2）利传输原则

①虚拟现实视觉呈现有其特殊性。它将我们平时常见的视频、图片的各个角度进行收集再合成圆形，笼罩在人视觉以外的显示空间。一个最基本的球形图片，至少需要8张不同角度的图片构成。为了达到更好的效果，现在的全景视频合成已经达到64张以上。

②采用高模烘焙低模的技术手段，在降低损耗、保证成像质量的前提下，最大化地保留虚拟成像的真实度与色彩还原度。烘焙，简单地讲，就是把模型里的光照信息渲染成贴图的方式，然后把烘焙后的贴图贴回场景中去。这样光照信息变成贴图，不需要CPU费时计算，可以提高模型的真实感，并大大减少渲染时间，节约内存资源，从而大大增加了易传输的特性。

（3）功能模组化原则

基于展示模型的元件化，将功能进行模组化开发，最终实现后台自由拼接的功能，前端则能快速更改用户端口的权限。"中国乐派智慧型乐器博物馆"的设计具有跨平台、多级权限等复杂功能，在它的系统结构中，模块是可组合、分解和更换的单元。模块化是一种处理复杂系统分解，成为更好的可管理模块的方式。模块化可以通过在不同组件设定不同的功能，把一个复杂功能分解成多个小的独立、互相作用的组件，因此此次开发采用模组化开发方式。

4.技术手段

在这个平台上，移动终端的表现层通过应用程序展示。Web应用的表现层选择SpringMVC框架实现，业务逻辑层选择Spring框架来集成控制。通过Web服务访问资源服务层，通过Hibernate访问关系型数据库获取用户信息，通过访问Hadoop进行非结构化数据的存取，通过访问ElasticSearch进行实时搜索。

（二）智能识别部分的设计

1.拍照识器

用户可以通过手机App对乐器或图片拍照，一键识别出乐器的相关信息，识别结果即时链接至3D建模部分的乐器多媒体数据库，可以实时查看乐器相关信息。

拍照识别算法需基于大量乐器图片库进行训练，首先需要积累50种乐器的乐器图片集。图像识别的算法，则基于深度卷积神经网络迁移学习技术实现。首先通过ResNet152多层卷积神经网络对图像大数据ImageNet的1000类进行训练，并通过神经网络反向传播机制使得模型收敛，从而获取预训练模型。获得预训练模型后，对预训练权重进行冻结，并在此基础上通过迁移学习方法中的Fine-tune机制对大量乐器图片进行训练，直至模型收敛，以此方式实现迁移学习技术。

该部分的关键技术点包括感知哈希算法、颜色分布算法、内容特征算法。

2.听音辨器

用户可以通过手机App对音阶录音的方式，一键识别出乐器的相关信息，识别结果即时链接至3D建模部分的乐器多媒体数据库，可以实时查看乐器相关信息。

听音识别算法需要积累50种乐器的多种录音片段，听音识别的算法首先对音频进行音频特征提取，分别提取MFCC以及PLP音频特征，并通过特征融合算法对音频特征进行融合。获取了融合特征以后，依据积累的器乐音色标注库，采用DPN双通道深度神经网络对音色特征进行训练，形成多乐器音色自动分类器。

六、中国乐派智慧型乐器博物馆的实现

（一）全景体验部分的实现

目前已经实现了此部分的4种访问方式：Web网页、PC安装包、安卓手机

安装包和VR安装包。相较于一般线上博物馆的传统功能有所拓展，如空间漫步浏览、乐器360度观摩、多媒体音视频资料、使用鼠标键盘与触摸屏演奏乐器等。

　　登录进入博物馆大厅后，界面如图1所示。在该界面中，可以采用鼠标左键拖拽方式进行视角转动。

图1　中国乐派智慧型乐器博物馆主界面

　　博物馆大厅主要分为5个主题部分，分别是："中华雅乐馆""吹奏乐器馆""拉弦乐器馆""弹拨乐器馆""打击乐器馆"。点击主题馆门口标识牌，可以了解相关主题的详细介绍，也可以在此界面输入乐器名称进行快速搜索。

　　进入中华雅乐馆分馆后，可以看到陈列着十几种雅乐乐器。通过点击地上的标志（如图2所示），用户可以快速移动到相应乐器前。每个乐器展区前都有一个相关的乐器知识介绍，点击乐器前的圆形标志，可以跳转进入乐器详情场景，查看乐器结构、详细介绍、乐器演奏、音乐欣赏等内容。

图2 中华雅乐馆进入图

用户可以拖动鼠标左键，对所显示的乐器进行全方位观察，包括"结构""介绍""试奏""乐曲欣赏"。进入菜单，分别可以了解乐器基本结构和发声原理、详细介绍，在试奏场景中与乐器进行复杂交互、欣赏相关演奏音频视频。以编磬为例，试奏场景如图3所示。在演奏某些乐器时，如果对操作不熟练，可以点击键盘"F1"键，即可弹出此件乐器的指法图。

图3 编磬试奏场景

（二）智能识别部分的实现

该部分可以上传音频或者图片进行识别，主界面如图4所示，可以选择"乐器图片识别"或者"乐器音色识别"。以"乐器图片识别"为例，界面如图5所示，上传所需要的乐器图片，可得到如图6所示的识别结果。其中，通过"进入VR场景"可以查看该乐器全景体部分。

图4 AI主界面

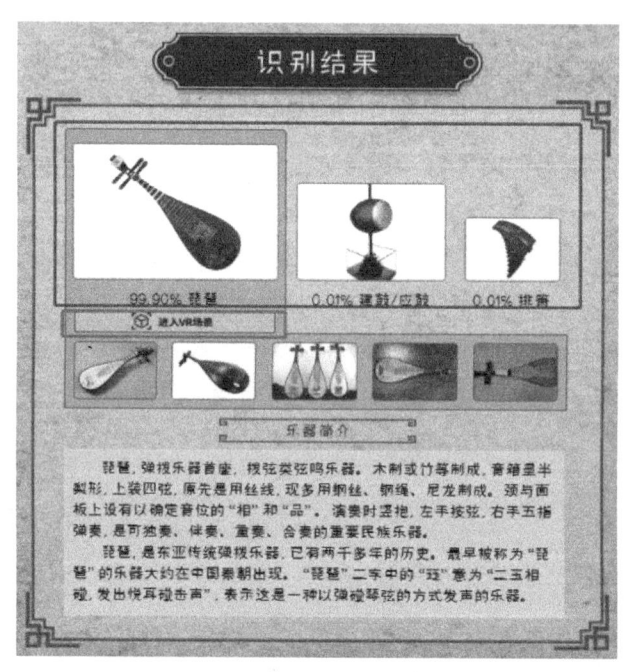

图5 乐器图片识别界面

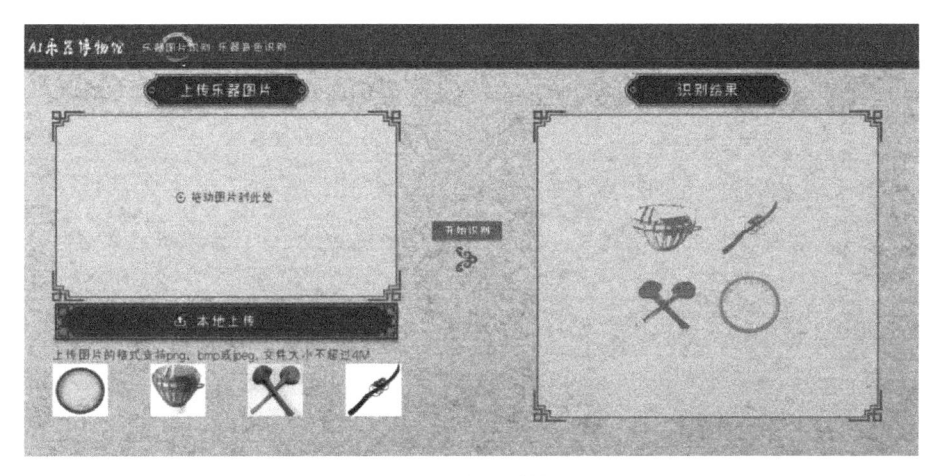

图6　乐器图片识别结果展示

七、展望

乐器本身具备外在工艺与音响的信息，还隐含着人类迁徙、文明演进、生态变迁以及技术迭代等密码，而乐器博物馆就是收集、编译、诠释这些编码的机构。博物馆中乐器是静态陈列，而"中国乐派智慧型乐器博物馆"作为国内首家智慧型乐器博物馆，能够让用户与乐器互动，让乐器、博物馆变得灵动起来。

该系统收录中华民族的传统乐器，为保护中华民族音乐资源、传承民族优秀文化提供科学研究数据的信息与资源宝库。未来会对乐器做进一步的丰富，按照地域或乐器种类等方式逐步完善乐器的类型。随着"中国乐派智慧型乐器博物馆"建设完善，将提供全面的社会文化服务功能，将其作为传统音乐文化展示的品牌窗口，为首都北京的文化建设引领功能提供支撑。

参考文献

[1]秦序：《"中国乐派"的释义与历史定位》，载《中国音乐》，2019年第5期。

[2]http://www.moc.gov.cn/orosito/A08/moe_736/s3886/201601/

t20160120_228487.html

[3]http://www.moe.gov.cn/srcsite/A16/s3342/201804/t20180425_334188.html

本文是中国音乐学院2021年度中央支持地方建设——双一流建设（21）"中国乐派智慧型乐器博物馆"（项目编号：10211007/002）的科研成果之一。

乔建中先生与中国音乐学院图书馆"中华传统音乐活态资源建设"专项的20年之缘

罗四洪

摘要： 中国音乐学院图书馆"中华传统音乐活态资源建设"项目成立于2004年5月20日。乔建中先生根据他在音乐研究所长期的工作实践和领导经历，和学院反复提及采集整理数字化资源的重要性和必要性，多次与时任中国音乐学院图书馆馆长的孙允文一道商讨，并邀请赵宋光、李西安、樊祖荫等知名教授学者共同策划、设计图书馆自建传统音乐与近现代华人作曲家资源建设的各项工作。20年来，为该项目的发展做出了非常重要的贡献。

关键词： 乔建中；中华传统音乐活态资源建设

一、建立与时俱进的学术专项

1.中国音乐学院图书馆"中华传统音乐活态资源建设"专项起源

中国音乐学院图书馆"中华传统音乐活态资源建设"项目成立于2004年5月20日。这个项目成立的宗旨，与联合国教科文组织颁布的《保护非物质文化遗产公约》（2003年10月17日，简称《公约》）基本接近。2004年8月28日，中国成为第6个加入《公约》的国家。

2.乔建中先生的大力建议、推动以及确定方向

以传承和弘扬中国民族音乐为己任的中国音乐学院，应该为我国的民族音乐文化需要做一些什么事情？怎么来做？如何做好民族音乐的非物质文化遗产保护？这些都是当年各大音乐学院热议的话题。即便中国音乐学院拥有民族音乐资源的巨大优势，但还是需要专业工作人员来进行长期的记录整理、保存和传播民族音乐等众多工作，才能使得重要的学术资源为有志于民族音乐研究的学者所用。学院在这方面有过很多设想和计划，但付诸行动还有一定困难。

2003年，乔先生应邀成为中国音乐学院的特聘教授，在我院承担专业教学以及音乐学学科学术建设等重要工作。作为中国音乐学院的老校友，他一直特别关心图书馆的资源建设，和学院反复提及采集整理数字化资源的重要性和必要性，多次与时任中国音乐学院图书馆馆长的孙允文一道商讨，并邀请赵宋光、李西安、樊祖荫等知名教授学者共同策划、设计图书馆自建传统音乐与近现代华人作曲家资源建设的各项工作。

2003年下半年至2004年初，由时任院党委书记的张雪书记主持、召集以上各位专家教授前后共11次会议商讨项目建立之事，最终确定了由图书馆负责组建团队和建立专项组，确立该项目的建设宗旨、工作方针等，并且制定了"请进来，走出去"的指导方针以及项目实施的目标、各项具体方案方法等，同时成立多媒体制作部（现为技术部），调集多方资源，重点与图书馆资源建设部携手，一同打造中国音乐学院图书馆特色音乐资源。经过以上几位专家的大量严谨调研，不断讨论和不断完善，将诸多设想、规章流程等一一落实。成熟后的方案得到院领导快速审批，同时院里充分肯定该项目的学术潜力和学术价值，并且从紧张的科研经费中拨出专款大力支持该项目长期、稳定发展下去。

3.该专项的主要工作内容

（1）紧扣《保护非物质文化遗产公约》精要，在全国范围内搜集、采录与整理中华传统音乐文化资源，最终形成珍贵的影像、文字等记录。

（2）在全国范围内搜集、采录与整理现当代华人作曲家作品、演出录音录像。

（3）收录本校名师讲课讲座内容，对演出活动进行录音录像及文档梳理。

（4）采录重要名家讲座、研讨会、地方音乐节表演等。

（5）对其他音乐资源的搜集，包括音视频、照片、纸质资料、数字资源等。

二、20年里，乔先生教会了我们什么？

乔先生是一位热爱田野工作的资深音乐学家、教育家。和我们项目合作20余年来，乔先生一直担任专家指导我们工作，手把手指导团队进行田野工作。项目组建立初期，项目组成员基本上是音乐学田野工作的外行，乔先生耐心地教我们如何工作。我们的每一次跟拍、摆拍、录音、摄像、摄影都有乔先生的指导意见。项目所有成员一直都秉持认真学习、扎实工作的态度和作风，在生活上与乔先生相处甚欢，在工作上密切配合，每一次的任务都给项目组带来海量的收获。与乔先生一起工作20年来，项目组成员深切地感受到"伯乐"和领军者的重要性，伯乐不常有，乔先生恰恰就是最好的伯乐。

1.乔先生的学术风范以及学术魅力

乔先生的学术风范，最可贵可爱也是最令人钦佩的品格是他平易近人，特别亲民。乔先生在田野采访工作中，从来不像一位大学者，而更像一个老朋友，让那些平时在田间忙碌的老乡完全没有距离感。他带领队伍采风，每到一处，都能很快和当地乡亲聊得亲切、深入。经常是一转眼，他就融入了当地百姓，和他们一块欢声笑语。他采访工作的方式、方法让我们受益匪浅：一是主动与当地艺术家们亲近熟络，第一时间了解他们所专长的内容、范围，与他们聊家常，采访他们的生活与从艺经历，然后邀请他们演唱（演奏）最拿手的音乐段落。在完成录制工作后，尽量促成图书馆项目组为他们举办一场音乐会或汇报会，以便于资料收录的全面性。音乐会（汇报会）也是对民间艺术家们的生活和艺术成就最大的尊重和肯定。

图1　2004年，乔先生带领项目组赴甘肃环县途中小憩留影

图2

图3

图4

图2—图4　2004年，乔先生带领项目组赴榆林采风，与当地乐手、歌手亲切交流

乔先生是一位敏感、理性且喜欢思考、追求深究的音乐学家，好听的音乐往往让他动情不已。每次采风之前，乔先生都会事先做出分析方案，带领采风队伍一一感受各个地方的音乐特色。在2004—2006年，乔先生带领我们对陕北地区的唢呐、民歌、秧歌、榆林小曲、说书等进行收录。

图5　2006年，乔先生在西北"花儿"采风中，发现100多年的老乐器

陕北的音乐资源非常丰富，但由于交通与经济的不发达，导致外界音乐学家对这片区域缺乏了解。2006年音乐研究所和上海音乐学院联合举办"黄土高原多重视野下的音乐文化国际研讨会"，邀请全世界民族音乐学专家来中国发掘、研究和探讨西北地区的民族音乐。乔先生作为项目策划，为该活动落实具体事宜。该活动组织专家分三路（西、北、南），对陕北进行了较为全面的考察。两年间的采风活动大大激发了他对于家乡的热爱。2011年，乔先生进一步对晋陕蒙高原地区进行一项"中国音乐地理"采风活动，行程6000余公里，并且提议和支持地方建立了两个各具特色的乐器和民歌博物馆，反响热烈。

2.乔先生独特的人格魅力

2004年7月，乔先生带队赴西北参加第十四届"花儿"国际研讨会，在莲花山采风途中，遇到路边一位毫不起眼且耷拉着头默不作声的艺人——曹学东，乔先生敏锐地观察到这人可能生病了，马上跑过去询问情况。仔细了解后即安排随行的几位老师帮忙一起照顾他，等他好些后，为他争取到了演唱台的一个角落来演唱。在乔先生的安排和鼓动下，观众热情高涨，来听他演唱的人越来越多，并且个个解囊相助，不到一天工夫他的收入已超过以往一年。这名艺人激动不已，亲切地称乔先生"叔"。当天晚上，乔先生把他带到宾馆，为他办了一场小型的小调会。之后，我们项目组又亲自将他接到北京，在中国音乐学院登台为全院师生演唱民歌，他的故事和歌声非常感人，因为乔先生的慧眼识珠，我们发现和帮助了这位渭源的盲人歌手。关心弱者，内心真正地和普通民众的心系在一起，是乔先生人格魅力的伟大之处。

图6 莲花山下偶遇一路乞讨而来参加"花儿"会的盲艺人曹学东

图7　乔先生在小宾馆为曹学东开小型演奏演唱会

3. 乔先生的豁达大度

外出采风,我们基本上都是前往偏僻乡村,路途遥远、路况艰险。当时,全国的道路状况普遍不佳,在田野采访工作中,往往会碰到一些险情,经常遇到大雪、大雨、道路不通的突发情况。在这种情况下,乔先生能够做到"泰山崩于前而色不变",泰然处之。毫不夸张地说,当碰到危险和困难时,走在最前面的绝对是乔先生。他的儒雅与豁达大度、处理问题情况时的睿智与坚定,让我们感到特别的安心。

4. 20年里,乔先生带领我们走过的路

20年里,乔先生带领我们走过了大江南北,仅仅前十年,在他的带领之下,项目组的外出采风活动就包括了如下一些(部分活动)。

(1) 2004年多次到屈家营采风。

(2) 2004年7月15日在河曲对河曲民歌进行系列采风活动(二人台表演等,韩运德讲河曲民歌)。

(3) 2004年赴甘肃环县采录环县皮影。

(4) 2004年西北"花儿"全程现场采风。

（5）2005年赴河北霸州采风。

（6）2005年11月9日—11日榆林小曲全程采风。

（7）2005年6月24日"流浪盲艺人歌"甘肃渭源盲人歌手曹学东盲人采录。

（8）2006年3月14日—16日河洲花儿系列讲座暨宴席曲、花儿专场演唱会。

（9）2006年4月18日—21日曹学东第二次来京演出。

（10）2006年6月27日兰州鼓子采风。

（11）2006年5月17日陕北绥德说书、鼓吹演出。

（12）2005年6月29日湖南德夯鼓文化节。

（13）2007年11月7日邀请环县皮影民间团体来我院演出。

（14）2006年7月"黄土高原多重视野下的音乐文化国际研讨会"——榆林采风。

（15）2011年6月2日—4日湖北恩施民歌采风。

（16）2012年12月1日—3日辽宁省鞍山市岫岩满族自治县、红旗乡太平鼓、黄花甸皮影等。

其中，如2005年的湖南德夯鼓文化节，邀请了全国代表性的锣鼓乐种。中国台湾民族艺术代表团鼓队、吉林朝鲜族长鼓队、广西壮族铜鼓队及湘渝黔地区毗邻省市（怀化、张家界、恩施、黔江、铜仁、凯里、遵义）鼓队参演，录制了东北长鼓、苗鼓、猴鼓、湖北背篓鼓、台湾太阳鼓等全国十多种特色鼓乐器作品。

图8　　　　　　　　　　图9

图10　　　　　　　　　　　　图11

图8—图11　2005年6月湖南德夯鼓文化节现场剪影

　　一次偶然的机会，环县道情皮影在北京的一次小演出深深打动了乔先生。乔先生多方联系后，于2004年带队首次赴环县观看、采录了敬家班、赵家班、史家班的演出。环县道情皮影戏是第一批国家级非物质文化遗产代表作名录项目。此次环县之行促成了2007年邀请环县道情皮影戏民间团体来我院演出。

图12　2004年在甘肃环县采录环县道情皮影，乔先生携项目组成员与敬家班演出团队合影

图13　2004年在甘肃环县采录敬家班环县道情皮影演出

图14　2004年在甘肃环县采录环县道情皮影，乔先生携项目组成员与赵家班演出团队合影

图15 2004年在甘肃环县采录环县道情皮影，乔先生携项目组成员与史家班演出团队合影

三、如何持续我们的工作

中国音乐学院图书馆一步步将已有的重要采风影像、音频、照片等重要资源转化为全院师生学习与研究的重要学术资源。随着技术的不断进步，我们的资料从为数众多的数字录像带（主要为DV、DVCAM等数字录像带）、数字录音带（DAT、MD数字录音带）等慢慢转向纯数字数据记录。整理工作持续不断、循序渐进。迄今为止，之前录制的数字录音、录像带已经全部通过各种采集卡转化成了数字数据（mp4、Wave等），现阶段正在对所有采集数据进行编辑、整理工作。

1. 音视频制作

项目组和各地的影视制作公司进行技术合作来拍摄和录音；工作人员对新拍摄的项目资源及时进行备份、整理、制作和存档；馆内积存资源这　块，由签约的制作公司对大量留存资源进行相应项目的数字化处理工作。

2.专业技术培训

依托专业软硬件以及技术部已有的专业技术能力,从软件和馆内组织的大量活动入手,技术部每个学期都会招揽一批勤工助学学生,对他们进行摄影、摄像、录音、后期编辑等方面的技术教学;给学生进行资料的整理以及管理等方面的能力培训;带领他们加入团队一起工作,适当放手,培养他们各揽一方的独立工作能力。

3.回馈社会

对已有资源进行科学的整理与整合,并且充分运用到实践中来,是一个更加繁重艰巨的任务。可贵的是:(1)我们拥有众多的民族音乐学家,他们为该项目的发展提供了理论高度的指导、指引;(2)有着坚持了20年并一直为该项目做持续贡献的资深馆员;(3)新生力量的不断加入,使得本项目越做越强、越做越顺。

我们的资源慢慢地对学院师生逐步开放,可以为民族音乐学专业方向的师生提供相应的研究素材。

4.项目组概况

项目团队成员:孙允文(前项目主持,前图书馆馆长,退休),唐锐(负责摄影、摄像,前图书馆副馆长,退休),曹勐(录音,转岗),张天彤(前项目主持,转岗),耿红梅(前项目主持),韩冰、靳婕(现项目主持),洪伟,罗四洪等。我们的项目在社会已经产生影响力。例如:2022年,图书馆与中国数字出版集团有限公司合作申报的《土风·乐话——中华传统音乐采风掠影》(作者:靳婕)、《清新的泥土——福建南音"七撩曲"音像特辑》项目(作者:罗四洪、洪伟)入选国家新闻出版署"中华民族音乐传承出版工程精品出版项目"。

图16

图17

图18

图19

图16—图19　2022年获政府补贴出版项目

　　随着时代的发展，许多文化现象、文化品种在慢慢淡化、消失，也可能会逐渐走向湮灭；但是有的文化会得到涅槃升华，或再生，或融入其他文化之中。我们只是力求在时间长河的某一个节点偶尔能够抓住那么一丝阳光或一滴雨露，希望这一缕阳光和一滴雨露能永久留存在记忆之中。对民族音乐的发掘与记录，将成为我们项目组的一份历史责任。

　　世间之事，最难在于坚持。乔先生为我们做出了光辉的榜样，他为我们的专项高擎了20年的明灯。在他正确有力的指导、带领和帮助下，我们的项目走过了风风雨雨20年，一路虽艰辛坎坷，但收获更多。这条路，我们还将坚定地继续走下去。

图20　2023年6月，项目组专程赴西安（西安音乐学院）采访乔建中先生

　　谨以此文献给20余年来倾心指导我们团队工作的乔建中先生，祝乔先生健康幸福、快乐每一天！

活态民间音乐文化资源建设的实践与思考

马英珺

摘要：活态民间音乐文化资源是指存活于民间的、鲜活的、发展的音乐文化资源。为记录和保存民间音乐文化，展现当下活态音乐的生存模式，中国音乐学院图书馆于2004年成立项目组对活态音乐资源进行主动收集和保存。

以中国音乐学院民间音乐资源建设项目组为例，运用人类学、民族音乐学等方法和"走出去、请进来"的方式，将民间音乐及其存活相连的文化事项整合考察，并以录音、摄像等多种形式收集第一手资料。活态民间音乐文化资源建设是一项庞大的音乐文献建设工程，在特色资源建设、艺术实践、文化传承等方面都发挥了重要作用，未来还有更大的挑战。

关键词：活态资源；音乐资源；民间音乐；特藏资源

中华民族的音乐文化博大精深，每一个民族，每一个地区，甚至每一个村落都有自己独特的民间音乐文化，它们通常由"活态的传承人"传递着本民族的音乐文化、思想、伦理教化和习俗，传承着民族的"文化精神"。在我国八千余年的音乐历史传承过程中，民间音乐的基本形态一直通过"口传心授""心领神会"的传习方式来完成薪火传递，并且在这一过程中不断地变异、发展、创新。自1979年国家文化主管部门开始部署民族文化遗产的收集、整理工作以来，我国各地、各民族、各种体裁形式的传统音乐，都得以有计划的全面采录、收集、整理。而随着《中国民族民间音乐集成》工作的完结，之后的资料收集和整理工作基本处于停滞状态，这类活态的、非出版的音乐文献一直没有得到足够的重视，导致很多珍贵的活态音乐资源随着艺人的老去而失不复得。

笔者对"活态""音乐"等文献进行调研的过程中发现，大部分文献都是从音乐本体、价值、人才培养、音乐传承的角度进行阐述，比如《我国民间音乐的"活态载体"——对民间音乐艺人社会文化价值的认识》中，作者对民间音乐文化"活态载体"——民间艺人的作用进行研究，从而认识其独特的社会文化价值；《论民族音乐文化的活态传承》一文阐释了民族音乐文化活态传承的内涵、重要性，及活态传承面临的困境和破解之道；《民族音乐文化遗产传承的新模式》以内蒙古大学艺术学院民族音乐传承驿站为例，介绍了他们以民间传承的方式传承"原生态"的文化遗产，培养接近民间文化传统的专业民族音乐人才的模式；《蒙古族音乐活态传承之衍变》一文从活态传承的视角来谈蒙古族音乐的保护……鲜有文章从图书馆特色资源建设的角度来探讨问题。本文以中国音乐学院图书馆"中国民间音乐资料库"项目组为例，从活态民间音乐文化资源建设的意义、采录内容和方式、对该项工作的思考等方面与同行分享，以期能够为图书馆特色资源建设和民族音乐教学提供更多一手音乐资源。

一、图书馆进行活态民间音乐文化资源建设的意义

（一）记录和保存中国民间音乐文化

活态民间音乐文化以口耳相授、代代相传的艺术形式，在人们生活中发挥着重要的作用。如果不及时将其记录和保存下来，这些弥足珍贵的音乐文化就会随着艺人的老去而成为千古绝唱。中国音乐学院图书馆是学院的音乐文献中心，同时肩负着收集和保存各类音乐资料的使命，而依靠"走出去、请进来"的方式是图书馆主动进行音乐文献开发的一次开创性的尝试。图书馆将面临失

传的声音和影像记录、保存下来，一方面扩大了人们对民间音乐文化的了解和认知，同时提高了民间音乐的地位和影响力。

（二）为构建民族音乐教学体系提供丰富的教学资源

中国音乐院校的文化责任之一是推进各民族的音乐文化。作为一个以民族音乐教学为办学特色的高等音乐学府来说，更是承载着传承民族音乐文化的历史使命。活态的民间音乐文化资源是当代民族音乐理论研究的核心素材，是民族音乐文化得以传承的根本。如果不去挖掘当下的、存活于民间的音乐文化，整个民族音乐教学就成为无源之水，无本之木。从这一意义上说，图书馆作为为教学科研、艺术实践、学科建设提供文献保障的学术性机构，有责任为构建民族音乐教学体系提供一手的民族民间音乐资料作为必备的教学资源。

（三）是图书馆特色资源建设的重要内容

音视频文献以其直观、动感、信息承载能力强的特点，成为发挥音乐学院专业特色优势，契合教学科研、创作步伐的特色文献资源。活态民间音乐资源建设所收集的珍贵的音视频资料正是中国音乐学院图书馆辅助教学科研及文化传承的特色馆藏内容，它不但即时"书写"民间音乐历史，生动地展现了当下活态音乐的生存模式，也使图书馆成为民族音乐资源的信息中心、民族音乐研究与学术交流的中心。

二、活态民间音乐文化资源建设的内容和方法

（一）项目基本概况

对活态资源的搜集与整理，均要树立多样性的统合意识，将民间音乐以及存活相连的文化事象一并整合考察，使音乐鲜活的生存样式得到完整的保护，并从本质上加以认知和解释。中国音乐学院图书馆2004年在北京市教委专项经费支持下成立项目组，项目组成员由民族音乐学专业、摄像专业（照相、摄

像）、非线编技术专业、录音专业的馆员以及三位音乐人类学、传统音乐研究方面的外聘专家组成。到目前为止，项目组先后到全国近百个城市、乡村采录民间音乐，共计3000余小时，留下了很多珍贵的一手资料。

（二）采录内容

根据活态民间音乐"口传心授"的特点，项目组将民间音乐的传承人（民间艺人）及其作品的资料采集作为整个项目的重点，并确定了"走出去、请进来"的工作模式，一方面走出去采录各类民间音乐，尤其对几近失传的民间音乐表演者（传承人）进行采访或口述史记录；另一方面将传承人和民间艺人作为"活性资源"引进课堂，让他们在音乐学院的舞台展演自己的民族音乐。采录范围以全国第一、二批非物质文化遗产目录中的560个传统音乐项目为主导，同时不局限于名录中的项目，试图涵盖全国各地、各民族所有具代表性的民间音乐，并建立一个系统、完整和较为全面的数据平台。

（三）采录流程

利用观察、采访等方式对音乐活动背景、音乐活动过程、参与活动人物及其表现、音乐表演品种及其作品、表演过程中使用的实物、音乐活动及其音乐作品的意义等进行详细记录，是全面掌握音乐事项和表演者经历的一种最为有效的方式之一。在这一理论基础上，项目组的工作方式是以录音、录像、拍照和文字等形式记录下某个音乐事项的背景、活动过程、参加演出人员及曲目等信息，并填写"采录立项表""采录授权书""表演者档案""表演曲目档案""音乐活动综述""视频拍摄场记""音频记录表""图片说明"等；同时对与音乐事项相关的有价值的照片、乐谱、乐器、抄本、唱本等历史资料，以购买、复印、翻拍、扫描等形式保存；然后由项目执行人将所有收集的资料进行有序整理并入库；最终所有收集来的资料都要在数字化后集中在一个数据库平台，供教学研究使用。

(四)音视频资料采录方式

活态民间音乐文化资源建设对于摄像、录音等技术人员提出很高的要求。首先,拍摄者必须精通摄影技术,同时需要站在音乐学和人类学的视角去掌控整个音乐事项的流程以及拍摄的节奏。如在拍摄河北霸州胜芳镇花会仪式、河南平顶山宝丰县马街书会、贵州侗族芦笙节等节庆或仪式活动时,由于现场场面宏大,则需要几个摄像师全方位记录与整个音乐事项密切相关的内容:观众的情绪、言谈举止;表演者的准备情况、出场顺序;被采访者的表情、着装、手势;乐器的各种角度、演奏者的形态、演奏技巧等。而在"请进来"的舞台演出拍摄中,只需要两台高清摄像机分别记录全景和特写镜头就足矣。所以说,摄影师应根据不同拍摄场景,灵活运用摄影技术,既能完整地记录音乐场景,又能够捕捉到更多表演之外的、反映音乐本体的相关画面,从而为日后的民族音乐学研究提供重要的背景资料。

现场录音是活态音乐资源采录中最不可或缺的一环。其优势是可以较长时间地、完整地记录现场发生的音响,是研究者今后进行记谱研究的原始依据。录音工作的完成取决于技术设备的水平,还取决于录音者的思想观念以及对设备技术的认识与操作能力。在录音棚、音乐厅和田野中所使用的录音技术是不同的,即使都在田野中,对于民歌演唱和鼓吹乐又有不同的录制方法,因此,录音师要分析现场环境,制定准确的录音方式,确保现场录音音响的质量。另外,录制歌曲前应该采录一下标准音高,然后由表演者自报姓名和曲名,如果表演者是少数民族,最好用少数民族语言再报一次,保留所录乐曲的原生称谓;录制器乐曲时,需采录乐器演奏的基本音阶、弦乐器的各弦定音等,为资料保存和研究做充分准备。

(五)资料整理方式

活态民间音乐资源所呈现出来的资料类型以音频、视频、图片、文字(笔记、工作日志以及音视频资料说明)和实物资料(现场收集的古谱、手抄谱、乐器)为主。对这些一手资料的整理和保存是图书馆特藏资源建设的重点工作。

现场笔记是与音乐观察、访谈过程同步进行的文字记录，可以帮助人们以最快的速度去了解一个音乐事项。现场笔记可以根据所观察到或采访到的内容和细节分类进行填写，比如时间、地点、人物、现场演唱或演奏的曲目、乐器名称、民间艺人的口述内容等，另外要详细记录民间艺人的基本信息，包括姓名、出生日期、性别、籍贯、出生地、民族、家庭住址、职业、文化程度、代表作品、学艺经历、带徒情况、主要艺术成就等，这些都是人类学田野工作的重要信息，一旦发现某些信息不完整则要及时进行确认。总之，文字资料的整理尽量做到当天事当天毕，避免因时间过长而淡忘、遗漏，导致留下毫无用处的资料。

对于现场录制的音频资料来说，可能是今后用作研究、记谱的最重要的原始依据，因此在采录前就要清楚地填写"音频记录表"，包括录音时间、地点、曲种、曲目名称、乐器定弦等，之后记录演奏时长、调高以及录音设备的名称、录制者等信息，并将这些信息与录音文件存放在一起，留作研究备用。

视频资料可以连续记录音乐事项的整个过程，是活态民间音乐采录中最重要的声像成果。视频资料的整理除了依靠现场情况详细填写"视频拍摄场记"，呈示出拍摄时间、地点及音乐相关信息之外，还要在后期编辑时对视频段落进行内容描述，比如在采录西部"花儿"歌会时，不仅要记录时间、地点和拍摄主题，还要记录每首歌曲的演唱者姓名、年龄、曲目等，呈现完整的内容。这也是一项非常烦琐又需要耐心的工作，拍摄回来一定要及时对视频资料进行制作。

图片资料是获取静态形象和内容的一种方式，能够直观地展现出乐器形制、乐队排列、演员特写、演出全景等静态的内容，它可以配合实物和文字，再现演出情景。在数码相机普及的社会，人人都是摄影师，而照片的整理就不那么简单了：如果图片内容是乐器，要记录该乐器的名称、形制、定弦、制作年代、制作材料、归属者等；如果图片内容为人物，则要记录姓名、年龄、职业、演唱（演奏）；如图片上有多人，则要记录每个人的个人信息以及他们相互之间的关系……总之，只有对图片内容进行详细说明和著录，才可能使采录对象被完整地保存。

实物资料是田野工作中的意外收获，很多现场收集来的乐器、民间乐谱、唱本、照片等民间艺术作品都有可能成为历史的文物，因此绝不能忽视实物资料的收集和整理工作。实物资料除记录收集时间、地点、生产年代、提供者以外，尤其要记录提供者的详细情况，并与乐器、乐谱存放在一起，与教学科研共享。

（六）基本设备条件

无论"请进来"，还是"走出去"，图书馆都需要准备几套现代化的声像采录设备，比如专业录音机、高清摄像机、专业相机等；另外，还需要准备电脑、大容量存储卡、多个镜头、三脚架、定音器、标准尺、充足的DV带及小礼品等，以备采风不时之需。另外，后期编辑工作最好能有一间多媒体数字工作室，配备一套或几套非线性编辑系统、专业视频采录与处理系统、音频工作站、专业服务器等，以便于资料采录的后期制作。

三、活态民间音乐文化资源建设的思考

活态民间音乐文化资源建设是一项庞大的音乐文献建设工程，给图书馆带来很大的挑战，经过十年的实践，图书馆收获了珍贵的一手资料，与民间艺人结下深厚的友情，同时也总结了一些经验和存在的问题。

（一）资源采录的完整性、系统性和连续性

活态民间音乐遍布于中国的每一个角落乃至于周边国家，每个地区有不同的音乐品种和音乐活动。依图书馆目前人员和经费的状况，每年大概可以开展6—8次"走出去"或"请进来"的活动，项目来源大多依靠音乐学界专家学者所提供的零星的线索，因此项目缺少系统性和延续性。理想的状况是制订完整的开发策略和缜密的采录计划，长期驻扎在当地进行跟踪拍摄和记录，系统地去探索某一个区域整体性的音乐文化资源，为活态民间音乐资源建设和民间音乐教学科研提供一套完整的有价值的研究资料，而这些客观现实都对图书馆的专业团队建设提出更高的要求。

（二）资源采录的专业性

尽管项目组有几位专家和顾问，但并不是每次田野工作都有专家随行，这就会造成田野工作中碰到某些习俗或专业问题无法解决。比如在拍摄萨满或丧葬等仪式音乐时，如果不了解当地的习俗和语言，没有"业内"人士的引见，根本无法深入仪式的核心，这样拍出来的资料没有使用价值。因此，每次在深入田野工作时，务必保证有一个研究该领域的音乐专家随行指导；如果所调查的地区使用非汉语语言，还需要提前联系好翻译人员。另外，每次活动都需要策划者、组织者、联络者，负责与对方接洽、安排出行事宜以及项目结束后的报账工作等，保证采录工作的正常开展和音乐文献资料的归档保存。

（三）资源收集的基本伦理

活态民间音乐资源存活于人们的现实生活中，图书馆在采录这项资料的同时，一方面对该地区音乐文化进行适度的保护和宣传；另一方面或多或少地影响了当地人的生活。对于某些少数民族来说，他们对于远道而来的我们表示欢迎，而有些地区则不愿意我们过多地走进他们的生活。因此，图书馆在收集资料时务必在对方知情愿意的情况下进行，务必携带单位介绍信和小礼物，必要时可以签署使用协议，保护双方的利益，同时便于这些资料在今后的教学中正常使用。

（四）资源的有效利用

对于图书馆来说，一切资源的收集和整理都是为了利用。如果只是将活态音乐资源采录回来而束之高阁，或者没有进行规范化的整理和保存，导致资料无法使用，就失去了这项工作的意义。就本馆情况而言，所采录的资料并未得到很好的利用，原因如下：一是涉及版权问题，大部分原生资料并没有与演唱者或演奏者签署相关使用协议；二是后期编辑人员少，设备需要更新，影响了资料的使用效率；三是之前的采录工作并没有严格按照规范来执行，有些重要内容由于当时没有详细记录而导致资料无法使用；四是原有数据库建设因经费、人员等原因而搁浅，新的平台合作尚未达成，而此项工作正是项目组今后工作的重点——使采录资料能够可视地、动态地、立体地再现当时的音乐场景，并能在教学中得以有效地传播和利用，实现它们的最大价值。这是目前图书馆最需要下功夫，也是最棘手的问题。

活态音乐资源的建设工作是一项系统而又浩大的工程，也是历史赋予中国音乐学院图书馆一项光荣而重大的使命。它对于学院的教学科研、学科建设、艺术实践、文化传承等方面都发挥了重要作用。图书馆应该以积极的态度去面对，把这项工作作为一个使命坚持下去，最终实现对民族音乐文化的开发、利用、保护和传承之作用。

参考文献

[1] 高巧艳、布日古德：《我国民间音乐文化的"活态载体"——对民间音乐艺人社会文化价值的认识》，载《内蒙古大学艺术学院学报》，2011年第3期。

[2] 伍国栋：《非物质文化遗产保护思考——以传统音乐文化类型为题》，载《人民音乐》，2006年第1期。

[3] 萧梅：《中国传统音乐研究述要》，载《黄钟》（中国·武汉音乐学院学报），2009年第2期。

[4] 孙鹏祥：《论民族音乐文化的活态传承》，载《文艺评论》，2014年第9期。

[5] 苗金海：《民族音乐文化遗产传承的新模式——以内蒙古大学艺术学院民族音乐传承驿站为例》，载《内蒙古大学艺术学院学报》，2013年第3期。

[6] 贾晓楠：《蒙古族音乐活态传承之衍变》，天津师范大学，2013年硕士学位论文。

[7] 杨红：《中国传统音乐活态资源的建设与应用》，载《中国音乐》，2013年第4期。

[8] 伍国栋：《实地调查资料储存的理论及方法》，载《中国音乐学》，1993年第4期。

本文发表于《图书情报工作》2015年第22期

图书馆理论与实践

面向中国音乐学院中国乐派"8+1、思政+X"课程体系的文献保障建设研究

胡文琴

摘要：中国乐派"8+1"（为乐）、"思政+X"（为人）学科建设是中国音乐学院目前最重要的教学和研究课题，为其提供服务是学校图书馆在传统服务基础上进行创新和深化。本文从中国音乐学院图书馆针对中国乐派"8+1、思政+X"课程体系建设建立学科文献保障体系的意义出发，介绍了图书馆对中国乐派"8+1、思政+X"课程体系文献保障建设现状，提出了保障学科发展，加强学科文献建设的建议措施。

关键词：文献保障；信息资源建设；课程体系

一、引言

"中国乐派"是以中国音乐元素为依托，以中国音乐风格为基调，以中国音乐家（人）为载体，以中国音乐作品为体现的音乐学派。中国音乐学院于2015年11月，提出倡导和建立"中国乐派"的构想，经过五年的不懈努力，

学校明确了"承国学、扬国韵、育国器、强国音"的办学理念,"倡导中国乐派,构建中国音乐教育体系"的办学方向和"建设世界一流大学"的办学目标。

2019年初,中国音乐学院在已有课程体系与人才培养方案调整基础上,进一步提出构建中国乐派"8+1、思政+X"课程体系。其中"8+1"里的"8"具体包括"音乐理论基础""和声""曲式""复调""配器""中国音乐史""西方音乐史""中国传统音乐"8门课程,"8"构成专业基础课,为所有本科生必修;"1"指主课和专业实践,与各系部(中心)依据人才培养方案确定开设的各类专业副科课程、专业基础课共同构成中国乐派课程体系中的专业课板块,以提升学生的专业技能与音乐素养为课程目标。"思政+X"是指国家规定的思想政治类课程与人文通识类课程,和英语、体育、第二课堂等共同构成文化课板块,以提升学生的文化修养,树立正确政治信仰为课程目标。

二、图书馆针对中国乐派"8+1、思政+X"课程体系建设建立学科文献保障体系的意义

1.学科建设是高校发展的生命线,而文献保障体系则是学科建设的重要配套工程。

学科建设的文献保障,是指在某一学科或专业范围内,可供应用、研究、参考的文献相当完备,足以支持该学科教师、研究人员进行一定深度的科学研究,满足本科生、硕士生及博士生对该专业文献的需求。能不能为每个专业的每一门课程提供教材、参考著作、参考文献等是考查高校图书馆馆藏文献质量的一个重要方面。

2.图书馆作为为教学科研服务的重要辅助部门,要积极为学校学科建设服务,最重要的是要建设一个符合学校学科设置情况的文献信息资源保障系统。

图书馆肩负着提供资源支持、促进学科建设的使命。为了更好地服务于学校的教学和科研工作,图书馆需深入了解学校学科设置和学术研究方向,加强与各院系的沟通与合作,整合文献信息资源、加强图书馆员队伍建设,建设一个符合学校学科设置情况的文献信息资源保障系统,为学校的学科建设提供更

加全面、高效、专业的资源保障和服务支持。

3.中国乐派"8+1"（为乐）、"思政+X"（为人）学科建设是中国音乐学院目前最重要的教学和研究课题，为其提供服务是图书馆在传统服务基础上创新和深化的重要方向。

作为学校的文献信息资源中心，图书馆在为学科建设提供服务方面具有天然的优势和不可替代的作用。图书馆对中国乐派"8+1、思政+X"课程体系建设的文献信息保障力，不仅要依靠馆藏资源，还要利用网络开放共享资源和协调共享资源，建立一套较为完备的文献资源保障体系；其中要优先发挥本校资源优势，做好本校信息资源建设，在此基础上再进一步拓展文献信息资源的来源和共享，促进文献资源保障体系日益完善。通过全面保障文献信息、提供创新平台和支持，以及探索和创新服务模式和方式等，图书馆可以为学校的学科建设和发展做出更大的贡献。

三、图书馆对中国乐派"8+1、思政+X"课程体系文献保障建设现状

信息资源建设理论认为，信息资源系统功能的发挥，不仅取决于各种成分的信息资源的数量与质量，而且取决于这些信息资源的构成、组合状况，即信息资源系统结构。因此，图书馆在中国乐派"8+1、思政+X"课程体系文献保障建设方面，必须关注信息资源结构的优化，重点关注学科结构与载体结构优化。

中国音乐学院图书馆中国乐派"8+1、思政+X"课程体系教参资料数字化整理项目于2022年立项，前期图书馆通过向学校教学一线教师征集本校本科、研究生教学参考目录，以馆藏为基础分学科、分载体类型进行数字化整理，建设中国乐派"8+1、思政+X"课程体系教参平台，以数字化形式为师生教学科研提供服务。项目力求满足中国音乐学院中国乐派"8+1、思政+X"课程体系建设资料需求，满足音乐学院附中、本科、研究生三个层次的国家人才培养标准，为中国音乐教育体系建设提供资料支撑。目前文献资源类型包括4

类：专业教材、参考书数字化编目2000本，乐谱数字化编目20000张，音频资料数字化编目4500张，视频数字化编目2100张。教参平台首页右侧按照中国乐派"8+1、思政+X"课程体系做了快捷导航，师生可以按照"专业板块"或"文化板块"中的类目进行浏览，譬如点击"专业板块"—"音乐素养"就会出现8门课程名称，可以按照课程进行浏览。也可以在上方检索框进行一站式检索。音视频资源可在校园网内随时随地查询点播。此外，线上展会包括图书馆举办的各类主题展览，如专家艺术档案展、主题艺术文献展、多媒体资料展等，曾举办过馆藏施万春先生艺术档案展、馆藏李西安先生艺术档案展、"馆藏安波、马可先生照片档案展"、庆祝中国共产党成立100周年艺术文献展、红色主题影音资料展等。

四、保障学科发展，加强学科文献建设的建议措施

在宏观层面，"双一流"建设为高校图书馆的信息资源建设提供了明确的指引，可从以下几点出发：

第一，高校图书馆应该与学校的发展战略和双一流建设目标紧密结合，制定符合学校学科发展和科研需求的学科文献建设规划。在规划中，要明确学科文献建设的重点和优先级，确保资源的合理配置和利用，为学科发展提供强有力的文献保障。

第二，完善学科文献资源建设体系，满足多元化需求。高校图书馆应该根据学校的学科设置和科研需求，完善学科文献资源建设体系。要确保资源的多样性和全面性，既包括传统的纸质文献，也要包括电子资源、网络资源等数字化文献，以满足不同学科和科研人员的多元化需求。

第三，图书馆应以"双一流"建设的需求为引导，积极搜集和挖掘各学科的前沿热点，以及代表学科发展先进水平、体现发展趋势的文献信息资源。通过运用信息组织与管理方法和技术手段，对各种类型的数字信息资源进行深度揭示、分析、评价和整合，从而为一流大学和一流学科的科学研究与拔尖创新人才培养提供充分且专业的信息资源保障。

此外，以信息资源共享为目标，图书馆应积极与国内外一流大学图书馆、专业图书馆、科技信息机构等开展多种形式的合作，建立起信息资源共建共享的机制，为"双一流"建设构建强有力的信息资源保障体系。这样的体系将有助于推动一流大学和一流学科的持续发展和提升，为科学研究与人才培养提供有力的支持。

落实到图书馆的具体措施上，可以从以下几方面进行：

1.开展深入的学科信息需求调研，充分掌握校内师生信息资源需求情况。

图书馆应针对不同学科领域，了解学科特色、课程设置等，制订详细的调研计划和方案，明确调研目的、调研对象、调研内容和方法。积极走进学校各院系，通过问卷调查、访谈等方式，与学科带头人、科研人员、教师、学生等服务对象进行沟通调查，以充分掌握校内师生信息资源需求情况。在调查中，应了解专家学者所需的文献信息资源的学科、主题、类型，以及获取和利用不同文献信息资源的渠道、方式与习惯。此外，还应了解常用的纸质文献和数字资源，以及图书馆现有资源与服务的满意程度等。

基于以上调查，图书馆应整合用户需求情况，提供有针对性的资源导航、信息推送、课题跟踪等服务。对于学习型用户，图书馆应提供学科前沿的文献信息资源和相关学习资源；对于教学型用户，图书馆应提供与课程相关的文献信息资源，以及教学辅助材料和在线课程资源等；对于科研型用户，图书馆应提供最新的研究成果信息、科研项目跟踪服务等。通过这些有针对性的服务，图书馆可以更好地满足校内专家学者的信息资源需求，促进其学术研究和教学工作。

2.以数字资源建设为重点，制定服务学科建设的明确的数字馆藏发展政策。

高校图书馆应在切实做好用户需求调查的基础上，构建具有可操作性的数字资源选择标准体系，提高数字资源采访质量，努力提高馆藏文献的利用效益。

首先，应该根据学校的学科建设和科研需求，制定数字资源建设规划，明确数字资源的类型、数量、质量和发展方向，确保数字资源的全面性、多样性和专业性。其次，优先采购优质的数字资源，选择具有高学术价值、使用频率高的数字资源。再次，高校图书馆应该加强数字资源的整合和利用，如建立数字资源导航系统、提供数字资源的检索和下载服务、数字资源咨询服务等，提高数字资源的利用率和用户满意度。最后，图书馆在采购数字资源和纸质文献时，应该根据学科需求和使用情况合理配置资源，确保数字资源和纸质文献的互补性和协调性，以满足不同用户的需求。

3.以学科建设为目标进行精准采购，满足不同学科领域的需求。

一方面，高校图书馆应该深入调研和分析一流学科的核心期刊，了解其发文量、主题分布、核心作者、参考文献的来源等信息，以此来对照并检查本馆的资源建设情况，并主动挖掘和适应一流学科建设的信息需求。这种调研和分析可以帮助图书馆更好地了解一流学科的发展趋势和核心需求，从而更好地调整和优化本馆的资源建设。另一方面，高校图书馆应该加强与学科建设团队的联系，嵌入一流学科建设的教学科研过程，掌握一流学科建设的信息需求。通过与学科建设团队的紧密合作，图书馆可以更加精准地了解学科发展的最新动态和需求，为学科建设提供更加精准和个性化的服务。

同时，高校图书馆应该通过与馆配商的紧密合作，实施对一流学科建设所需研究级文献的精准采购。馆配商是图书馆资源建设的重要合作伙伴，通过与馆配商的合作，图书馆可以更加高效地获取和采购一流学科建设所需的研究级文献，为学科建设提供更加全面和精准的支持。

4.结合具体的学科领域对网络信息资源进行深度分析与挖掘，将其与馆藏资源进行整合发布。

在服务于"双一流"建设的信息资源中，虽然主要来源是高校图书馆购置的中外文数据库等系统化的学科专业资源，然而丰富的网络信息资源对满足一流学科建设用户多样化的信息需求也不可或缺。因此，高校图书馆应该重视对网络信息资源的开发。

高校图书馆应该根据学科建设和用户需求，确定网络信息资源的开发重点；结合具体的学科领域，对网络信息资源进行深度分析与挖掘，例如，针对某一学科领域的权威网站、研究机构等，可以定期跟踪和整理相关领域的最新研究成果、学术动态等信息，为用户提供深度的学科领域信息；将网络信息资源与馆藏资源进行整合，建立网络信息资源导航系统，帮助用户快速找到所需的信息资源。例如，可以将馆藏的纸质文献资源与网络信息资源进行关联和整合，形成更加全面和便捷的数字化资源体系。

5.重视对教学资源的开发利用，将一流的教学资源转化为数字资源。

高校拥有极为丰富的教学资源，如教师的教材讲义、教学课件、课堂教学的音频视频、教学参考资料等。这是"双一流"建设人才培养的重要资源。然而，这些资源大多游离于图书馆之外。因此，高校图书馆为"双一流"建设服务，必须重视对这些教学资源的开发和利用。中国音乐学院图书馆建设中国乐派"8+1、思政+X"课程体系教参平台也是这方面的积极实践和探索。同时，高校图书馆可以与教师合作，将教材进行数字化转换和编辑，开发数字化教材。数字化教材可以包括文字、图片、音频、视频等多种形式，具有交互性和动态性等特点，能够更好地满足学生的学习需求。

此外，高校图书馆可以与数字出版商合作，积极参与数字出版。在此方面，中国音乐学院图书馆依托其"中华传统音乐资源库活态资源建设"项目，积累了丰富的一手的采风资源，联合中国数字文化集团申报的《土风·乐话——中华传统音乐采风掠影》项目入选了2022年度"中华民族音乐传承出版工程精品出版项目"，采用新媒体展示手法，以我国某一地区或民族的音乐事项为主题，经过整理编辑制作成集文字、图片、音视频为一体的传统音乐电子杂志，是纸质、音视频文献和数据库阅览的补充和延展。通过数字出版，将图书馆独有的特色资源等转化为数字资源，不仅可以提高文献资源的利用效率，也可以为学科建设和人才培养提供更多的支持和保障。

参考文献

[1]袁昊昱:《中国音乐学院本科教学改革实践研究——中国乐派"8+1、思政+X"课程体系建设》，载《中国音乐》，2021年第3期。

[2]肖希明编著:《信息资源建设》，武汉大学出版社，2008年，第39页。

[3]黄如花:《数字信息资源开放存取》，武汉大学出版社，2023年，第

184页。

[4]田利:《图书馆馆配工作研究与实践》,北京理工大学出版社,2017年,第109页。

[5]杨洁:《高校图书馆文献资源建设策略研究》,载《现代情报》,2007年第11期。

[6]肖希明、尹彦力:《服务于"双一流"建设的高校图书馆信息资源建设》,载《图书馆建设》,2018年第4期。

[7]党亚茹:《面向学科建设的文献信息资源保障体系研究》,载《情报》,2002年第6期。

[8]叶继元:《聚焦学科核心领域重构文献信息资源保障体系》,载《图书与情报》,2020年第5期。

[9]石德万、贺梅萍:《高校图书馆参与数字出版模式研究》,载《现代情报》,2017年第1期。

本文是中国音乐学院校级科研项目"后疫情时代艺术院校图书馆信息资源建设与读者服务研究"（项目编号：YYB2209）的科研成果之一。

大数据时代数字图书馆面临的机遇与挑战

靳 婕

摘要： 大数据时代，数字图书馆拓宽了图书馆的发展空间，成为图书馆发展的新趋势。但大数据作为一种专业技术，给数字图书馆带来了机遇与挑战，需要数字图书馆迎合机遇，直面挑战，推动数字图书馆的进一步发展，发挥其独特的公益服务和社会教化职能。文章对大数据时代数字图书馆面临的挑战与机遇分别进行分析，为数字图书馆的发展提供了借鉴。

关键词： 大数据；数字图书馆；信息服务

数字图书馆相比传统图书馆的优势在于数字图书馆拥有更丰富的馆藏资料，且以文本数据作为存储方式，能够满足用户数据检索并获取文本信息的需求。然而，大数据虽然给数字图书馆的发展带来了新的机遇，却也提出了新的挑战。数字图书馆需要直面大数据带来的挑战与机遇，充分发挥出大数据的积极影响，以大数据技术增强数字图书馆的信息服务能力，同时提升其服务层次，从而有效推动数字图书馆的转型发展，为知识型社会的建设提供助力。

一、大数据时代下数字图书馆的发展挑战

（一）大数据研发投入不足

将大数据技术应用于数字图书馆中，需要购置大量软硬件设施，同时要在大数据的管理、服务等方面大量投入资源，才能够有效发挥出大数据对数字图书馆的积极影响。然而，图书馆并非营利机构而是服务性机构，其公益性特点决定了不可能以市场经营作为资金的主要来源，而是要依赖当地政府的拨款，这就导致图书馆的可用资金有限，难以筹集大量资金开展大数据的研发和建设工作。图书馆的资金一方面用于员工工资，另一方面则用于书籍订购、整理归档等文献采访工作，能够用于购置大数据相关的软硬件设施的资金较少。作为一种社科类研究项目，大数据研究的资金缺口大，加上数字图书馆对于大数据的应用尚未形成明确的标准，导致图书馆在数字化建设的初步阶段往往难以明确得出大数据所带来的积极影响，给提高政府拨款带来了一定困难。

（二）专业化人才稀缺

当前我国数字图书馆在应用大数据时通常采用直接采购或与企业协同开发的方式，独立开发的大数据应用项目较少，其根本原因在于数字图书馆的大数据研发需要大量高素质人才的支持，但各行普遍缺乏大数据高端人才，而数字图书馆与其他行业相比又缺乏足够的竞争力，加剧了数字图书馆人才稀缺的问题。此外，很多图书馆对大数据的发展趋势缺乏认知，不了解大数据的前沿发展动态，制约了其思维和视野的发展。在与企业合作进行大数据应用项目开发时，往往只是被动接受而没有根据自身需求进行应用项目建设，使得企业对大数据应用项目的开发参与力度不足，所开发出的应用项目通常难以完全满足数字图书馆的需求。

（三）大数据采集处理难度高

数字图书馆应用大数据的主要目的在于要利用大数据的海量信息存储和处

理能力，增强图书馆对数字化文本资源的存储和检索水平。在大数据时代背景下，文本资源的数字化使得数字图书馆需要处理的资源愈发丰富和复杂，这些异构分布的资源对数字图书馆的数据采集、处理能力提出了新的要求。然而，即便数字图书馆建设了完善的大数据软硬件设备，也会因工作人员数据处理能力或算法掌握能力等因素的影响，降低大数据采集处理的有效性。与此同时，在应用大数据进行数据的采集处理时，需要关注两点技术之外的问题。其一是数字图书馆需要与出版社等合作机构进行协商，建立起完善的合作机制，确保文本数据资源的完整、有效；其二是要建立起用户隐私保护和书籍的版权保护体系，确保数字图书馆的大数据建设不会引发法律纠纷。

二、大数据时代下数字图书馆的发展机遇

（一）大数据有助于提升资源建设水平

大数据的发展使数字图书馆的进一步建设成为可能，尤其是如云计算等技术的兴起，为数字图书馆服务能力的提升提供了重要的推动作用。在大数据时代下，文本的数字化使得数字化资源愈发呈现出海量、异构的特点，这些多元化的信息资源为数字图书馆提出新的要求，需要数字图书馆积极提升信息处理能力。而大数据技术所具备的信息存储、分析和处理能力，能够有效分析出信息数据之间存在的联系，通过掌握规律来将问题定量化处理，能够有效提升数字图书馆的馆藏建设水平。如语义技术能够通过分析数据间的语义关系，利用文本间的语义关系提升用户获取知识的能力；数据聚类技术能够将具有某一属性或特征的数据进行聚拢，便于用户的资源检索；信息分析技术能够通过对文本信息的分析，为用户提供直观的数据分析结果；检索技术则能够通过海量文本信息的检索，在极短时间内找出用户所需的文本资源。利用大数据能够对传统的图书馆馆藏模式带来颠覆性的革新，有效提升数字图书馆的服务能力。

（二）大数据有助于增强信息服务能力

应用大数据的信息处理能力，能够在存储海量文本资源的同时，在极短时间内对海量信息资源进行检索，完成人力无法完成的工作。将大数据应用于数字图书馆建设的各个环节，能够通过确保海量文本资源直接为用户所用，实现与用户的无缝对接。同时，数字图书馆可以通过大数据分析建立检测分析系统，预测目标用户群的需求，从而提高对用户的信息服务能力。在大数据环境下，数字图书馆可以开展如下几种产品或服务模式：其一，服务产品。数字图书馆能够借助大数据存储海量资源，为增强自身核心竞争力，需要提供丰富的服务产品，除了文献和信息的检索阅读外，应提供智库等再生信息服务和知识科普等文化宣传服务。其二，分析产品。大数据时代往往更加缺乏解决问题的能力和信息处理的能力。数字图书馆可以通过大数据分析用户行为，通过整理用户所关注的领域和话题进行需求预测，并结合预测结果推送文本资源，增强数字图书馆馆藏资源的利用率。其三，服务模式。数字图书馆本应采取用户自助式的服务模式，但在大数据环境下，用户面临着海量文献资源，往往很难找到真正想要的信息，这就需要数字图书馆将自助式服务转变为主动推荐式服务，根据对用户需求的预测结果主动推荐文本，或根据时事热点新闻进行重点推荐，增强数字图书馆的资源推荐水平。同时，数字图书馆应开办咨询服务，采取系统自动应答、人工应答和专家应答三种方式，使数字图书馆能够真正为用户学习、工作、生活所用，充分发挥图书馆的社会教化功能。

（三）大数据有助于推动图书馆转型升级

在云计算、人工智能等技术的发展进程中，大数据已经呈现出了全新的技术生态，信息的存储、处理、分析能力显著上升，对各领域的转型发展起到了重要的推动作用。如语音识别、文本分析等技术的发展，使得数字图书馆得以有效利用各种先进技术，调整现有的服务业态。我国数字图书馆以满足用户知识需求为主要目标，通过大数据实现了文本资源的广泛传播，且作用于经济、文化等领域，使数字图书馆更大程度上发挥了公益服务和社会教化功能。在大数据环境下，图书馆需要构建新的管理模式以实现用户与文本资源之间的直接对接，在扩大文本资源的传播范围的同时，增强文本资源的知识服务能力，有效推动图书馆的突破性发展。因此，在大数据时代，图书馆应从以下几个方面实现转型升级：其一是打破资源框架。大数据时代，无论是数字图书馆存储的文本资源，还是用户所需求的信息资源，都呈现出多元化的发展趋势，对数字图书馆的资源采集、分析、管理和服务能力提出了新的要求。数字图书馆必须利用大数据技术建立数据框架，将文本和图像信息纳入馆藏之中，通过分析信息之间的语义关系建立信息组织框架，从而突破传统图书馆的资源框架。其二是形成全方位的服务理念。数字图书馆应结合大数据技术拓宽自身的服务范围，一方面要将受众面向全社会，充分发挥图书馆的社会教化功能，为学习型社会的建设提供助力；另一方面则要提供全资源服务，为用户提供包括文献图像、视频音频、政策法规等多种形式的信息资源，以满足用户的多元需求。此外，数字图书馆需要调整自身的服务模式，通过信息推送、个性化服务等方式增强信息资源的辐射能力，全面开展数字图书馆业务。其三是发展高端业务。数字图书馆应以智库作为建设目标，与各学科的前沿领域相结合，发挥其信息分析的能力，为各学科的科研工作提供资源支持。其四是调整馆员角色定位，数字图书馆馆员应对大数据有深刻理解，具有一定的数据分析能力，懂得大数据的应用方法，利用各类软件工具进行馆藏资源的分析整理工作，并加强文献数据库的建设，以发挥出大数据对数字图书馆的积极影响。

数字图书馆建设中应用大数据技术，需要建立大量高新的软硬件设备，不仅要求数字图书馆加大资金投入力度，还对馆员的专业能力提出了新的要求。与此同时，大数据的信息采集和处理本身难度较高，且涉及如出版社、合作企业等机构，需要数字图书馆对文本资源的采集处理、知识产权等有更高的重视。大数据技术虽然会为数字图书馆带来诸多挑战，但同时也带来了新的发展机遇。在大数据时代，数字图书馆需要充分利用各类数字资源提升自身的资源建设水平，为更多用户提供更为丰富的信息支持，同时大数据能够提升数字图书馆的信息服务能力，使其开发新的产品或服务模式。此外，大数据能够有效推动图书馆的转型升级，使数字图书馆发展更多高端业务成为可能。

参考文献

[1]余杨:《大数据环境下数字图书馆精准知识服务体系构建策略》,载《图书馆学刊》,2019年第8期。

[2]陈臣:《基于大数据的图书馆数字资源重构与融合研究》,载《现代情报》,2016年第8期。

[3]谭影虹:《从数字图书馆到数据图书馆——大数据时代的图书馆服务范式转变》,载《图书与情报》,2016年第3期。

[4]张兴旺、李晨晖:《数字图书馆大数据知识服务体系协同设计研究》,载《图书与情报》,2015年第3期。

本文发表于《鄂州大学学报》2021年第5期

新媒体视野下音乐音响档案的创新应用探究
——以中国音乐学院图书馆为例

靳 婕

摘要：文章以中国音乐学院图书馆在音乐音响档案的创新应用为例，阐述了在新媒体视野下如何创新应用音响档案，展示推广其历史和文化价值，对如何发挥音响档案管理者的专业优势等问题进行了探析，目的在于为音乐音响档案在创新应用及学术研究方面探索新路。

关键词：新媒体；音乐音响档案；创新应用

一、引言

音乐是听觉的艺术，人们为了记录音乐，发明了各种各样的乐谱，如四线谱、五线谱、六线谱、减字谱、简谱等。19世纪，随着工业的发展，人们又开始发明记录声音的机器，直至发明家爱迪生成功发明了能够录音的留声机，人类开启了音乐记忆的新纪元。100多年过去，人类进入新媒体时代，录音技术和声音载体也更新迭代，虽然蜡桶、钢丝带、黑胶唱片、磁带等等已经成为"过去式"，但这些音乐音响档案所承载的内容，仍然具有深刻的时代意义和文化内涵，值得我们深入探究。

在音乐院校图书馆里，音乐音响档案是馆藏资源的重要组成部分，是师生进行学习、教学和研究的资料保障。近些年来，国内的音乐院校图书馆相继对馆藏音响档案，尤其是黑胶唱片进行了数字化，搭建特色数据库以便读者进行检索查询和欣赏。那么，作为研究者和管理者，面对数量可观的音响档案，怎样使这些实体资源和数字化的资源"鲜活"起来，能够得到广泛的应用，而不是"沉睡"在书库中或者硬盘里？本文以中国音乐学院图书馆为例，就音乐音响档案的创新应用进行了探索和实践。

二、馆藏音乐音响档案的现状

中国音乐学院图书馆自1964年建馆以来，作为音乐专业文献的收藏、服务与学术研究机构，本着突出音乐专业特点的原则，围绕为教学、科研服务的主题，以音乐专业文献资源建设为重点，实体与数字文献共同发展，并重视中国传统音乐及艺术档案特色资源的建设，积累了数量可观的音乐专业资料。根据馆藏资源统计，音乐音响档案占比显著，主要由五个部分组成：一是由建院初期至1985年收藏留存的音响资料，主要以黑胶唱片为主，数量为3万余盘；二是1980年复院后至1995年期间收藏的音响资料，主要以开盘带、盒式磁带为主，数量为1万余盘；三是1995年以来收藏的激光唱片，数量为4万余盘；四是2003年以来收藏的传统音乐音响资料，主要是我馆传统音乐项目组在专家学者的指导下，在全国大部分地区实地采录的传统音乐资料；五是图书馆多年来收集积累的专家学者的音响资料，现为我馆艺术档案的重要资源。

在传统图书馆时代，这些音响档案在为师生提供欣赏服务方面功劳卓著。随着录音技术的进步和录音载体的更新迭代，到了20世纪80年代以后，盒式磁带以及CD光盘先后成为主流音乐载体，黑胶唱片被送入书库进入尘封状态。直至2007年以后，新媒体技术应用于对音响档案的整理和数字化等方面。2011年，笔者带领院系学生组成课题研究小组，开始对馆藏黑胶唱片以及盒式磁带进行整理，并做修复与数字化研究。由于图书馆经历过几次大规模搬迁，而且保存环境不佳，出现许多问题，比如唱片盘面附着尘土、霉斑、变形等状况，还有的唱片因为长期挤压破碎而无法修复。

课题组在进行研究的过程中，一方面展开多方调研，走访了大陆以及来自台湾地区的多位专家，对他们进行详细的咨询和探讨，获得了宝贵的经验；另一方面对馆藏音响档案进行仔细的排查，针对馆藏的黑胶唱片及盒式磁带的状况和出现的问题，在清洗、修复处理及数字化转储方面进行研究和反复实验，总结出了一套适合本馆黑胶唱片及盒式磁带修复及数字化的工作流程和技术方案，得到了课题评审专家的一致认可。在课题组的推动下，我馆2018年申请了黑胶唱片整理专项资金，利用新媒体技术，将课题研究成果全面应用到对馆藏黑胶唱片进行系统的抢救性整理工作中，使黑胶唱片的保存状况得到了大大的改善。

三、新媒体与音响档案的创新应用策略

在对馆藏音响档案整理和数字化的过程中，我们力图从文化角度切入，兼顾历史，通过对音响档案分类整理出戏曲（重点为京剧）、曲艺、歌曲等内容，以专题形式对音响档案进行二次发掘利用，开展多元化的创新应用与服务。

1. 融入创新思维，举办专题文化活动

充分挖掘音响档案的文化历史内涵，利用新媒体技术融入创新思维，策划推广展示活动，是我们探索音响档案创新应用的策略之一。通过主题展览、阅读讲座、沙龙等多种活动形式，将传统单一的音响欣赏方式转化为立体、多元化、互动式、学生主动探寻的复合阅读方式，对黑胶唱片承载的文化内涵进行深度解析，解读历史的声音，助力学科服务建设，提升教学效果。

2019年，在我馆的第四届"中华传统文化工作坊"活动中，我们以"历史的回声——黑胶唱片永不过时的经典"为主题，举办了馆藏黑胶唱片的珍贵版本欣赏、邀请专家教授做专题讲座，以及百年老唱机的展览等系列活动，向师生大力推广展示黑胶唱片及形制各样的播放设备，从中领略唱片所蕴藏的文化魅力。

2021年，正值中国共产党成立100周年之际，我们从馆藏黑胶唱片和影音资源中提炼出红色主题的内容作为素材，以中国共产党百年来不懈奋斗的历程为主线，进行策划设计，成功举办了"庆祝中国共产党成立100周年红色主题影音资料展"活动，充分挖掘唱片的历史文化价值，引导师生追溯革命先驱的光荣历程，传承红色经典的艺术精华。

图1 庆祝中国共产党成立100周年红色主题影音资料展现场

这次主题展览是我馆在挖掘应用音响档案、举办校园文化活动方面的重要尝试，从展览形式方面，我们进行了大胆的创新，利用新媒体多元化呈现+沉浸式体验激发师生学习的兴趣。展览采取线上和线下联动的方式，线上展览利用图书馆微信公众号这种开放性媒体，面向大众推出二十期馆藏红色主题资料系列展，每期由馆员根据馆藏进行文字、图片和音视频的编辑，由学生助研担任排版；线下展览通过精心设计的展板结合二维码扫码视听、珍贵唱片展陈结合唱机播放欣赏，以及以学生为主体的快闪+小型音乐会等多种方式呈现，展览现场将音乐演出、红色主题资料、新媒体相结合，使静态的唱片"鲜活"起来，用音乐展现中国共产党成立100周年波澜壮阔的历程，使观众的沉浸式体验更加立体化、多元化，充分体现了近年来图书馆综合建设和创新服务的成果。

2. 策划新媒体阅读，推广传统音乐文化

在策划举办文化活动的同时，笔者策划设计了传统音乐电子杂志《土风·乐话——传统音乐采风掠影》，该案例依托我馆的特色馆藏"中华传统音乐资源库"，利用新媒体技术，融入创新理念，将我馆自采自录的传统音乐的音视频档案、图片和文字进行二次开发编辑，以不同地域、民族为着眼点，动态与静态相结合，以一种新媒体阅读形式呈现专题采风活动，从PC端、智能手机端等多途径推广中华传统音乐文化。这是纸质文献和数据库阅读的补充、延续和扩展，更适合新媒体时代传统音乐的学习与传承。

图2 传统音乐电子杂志的封面

传统音乐电子杂志自创建以来，其图文声像并茂的"活态"展现方式，使读者能够较为直观、快捷地了解各地区各民族的传统音乐文化事项，对师生进行学术研究以及科研能力的提升提供了一定的帮助，得到了师生读者的充分肯定，同时也得到了业内同行院校的一致认可。该案例曾在2020年北京地区高校图书馆"新常态、新技术、新服务——携手构建智慧图书馆"学术研讨会获得三等奖和最佳人气奖。

3.加强专业人才的培养，提升创新能力

著名图书馆学者阮冈纳赞曾说："一个图书馆的成败关键因素在于图书馆的工作者。"因此，在现代图书馆里，具备专业素养和创新能力的专业人才是第一资源，直接影响创新服务模式的构建和读者多元化需求的满足。近年来，我馆在发挥人才专业优势、激发馆员创新能力方面，也进行了一些尝试，一是鼓励馆员走出去，与图书馆界、兄弟院校同仁学习交流，进行专业知识的培训，提升专业素养；二是鼓励馆员利用新媒体策划内容丰富、形式多样的活动，不仅可以丰富校园文化，打造图书馆的文化活动品牌，而且为馆员们提供了充分发挥其优势与专业所长的机会，直面挑战与职业不同的角色。

笔者曾参加上海音乐学院的培训，承担相关课题的研究，熟悉馆藏黑胶唱片资料的状况，因此2021年策划设计了"庆祝中国共产党成立100周年红色主题影音资料展"，大胆融入创新思维，利用新媒体线上和线下展览相结合、招募学生参与音乐会的演出和快闪，这种形式在我馆历次文化活动中尚属首例。

在馆领导的大力支持下，馆员也积极响应，尝试做微信公众号的文案编辑、展览的设计布展者等不同的角色，在展览期间，又担当起展览的导览员、演出的舞台监督和展品的维护者，馆员们凭借对百年党史的了解和专业知识，秉承主动创新的服务理念，确保了展览活动的高质量和专业性。此次活动也受到媒体的高度关注，在新华社媒体平台报道的当日点击量近200万人次。

音乐专业背景的馆员"跳出"图书馆固有思维的束缚，不拘一格的工作风格在此次活动中发挥着不可替代的作用与优势，参与其中的馆员们也对自己的职业定位有了新的认识，增强了职业认同感和工作自信。由此可见，作为音乐音响档案管理者和研究者，只有通过专业的学习、实践和研究，提升创新能力，才能深入挖掘音响档案的历史和文化价值，融入创新思维，使之"鲜活"起来而不再沉寂。

4.重视学生的参与，充分发挥图书馆文化育人的功能

高校图书馆不仅是高质量信息服务的中心，而且承担着"文化育人"、为学生提供社会实践的功能。近年来，我馆重视学生主体的参与实践，通过招募学生助理，积极为学生提供社会实践机会，让学生助研们参与到图书馆的工作中，并参与图书馆文化活动的策划、宣传，开展了一系列寓教于乐的传统文化工作坊和阅读推广活动，助力师生的学习与研究，得到了学生们的热烈响应，并收到良好的效果，从而达到"文化育人"的目的。

2021年在筹备红色主题影音资料展览时，来自艺管系的学生助研积极参与策划工作，并承担了展览开幕式小型音乐会的一系列工作，从学生演员招募到节日筛选、排练、走台等等。通过实践，助研们获得了演出策划和管理的专业实践机会，学生演员们也有机会展示才艺，同时主题展览以音乐音响档案特有的方式为师生们上了一堂生动的党史课，加强了图书馆"文化育人"的效果。

四、新媒体视野下对于音响档案进行学科研究的意义

1.从学术研究的角度看

以音响档案中的黑胶唱片为例，自从20世纪初黑胶唱片进入中国到1949

年,期间国内唱片公司累计有60余家,录制了数万种唱片,涵盖戏曲、曲艺、歌曲等多种体裁和题材,记录保存了大量中华传统音乐,是极其珍稀的文化遗产。目前,国内研究这一时期的专著主要有:(1)1959年中国音乐研究所编辑出版的《中国音乐研究所藏唱片目录》;(2)1964年中国唱片社编辑出版的《中国唱片厂库存旧唱片模版目录》;(3)2009年出版的葛涛著作《唱片与近代上海社会生活》;(4)2013年出版钱乃荣的著作《上海老唱片(1903—1949)》;(5)2013年出版郭明木的著作《听见厦门历史的声音——1905~1949厦门戏曲音乐唱片存档及考释》等。研究者们主要从音乐史学、音乐文献学等学科角度对1949年以前国内唱片的发展进行考证与研究。但对于专题性唱片的研究,以及1949年至1985年期间国内出版的唱片的研究著作或论文尚不多见。

笔者在知网上以"唱片&版本"为检索词进行查询,一共检索出217篇论文涉及"唱片&版本",其中143篇为音乐舞蹈学科,占比为59%,如下图所示,图3表示论文的学科分布。

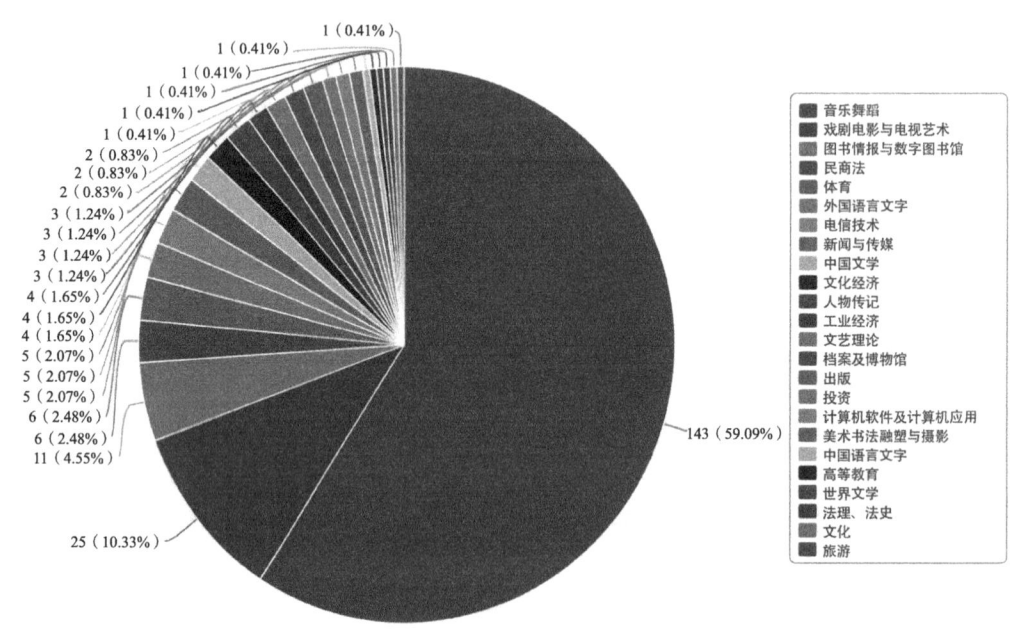

图3 论文的学科分布

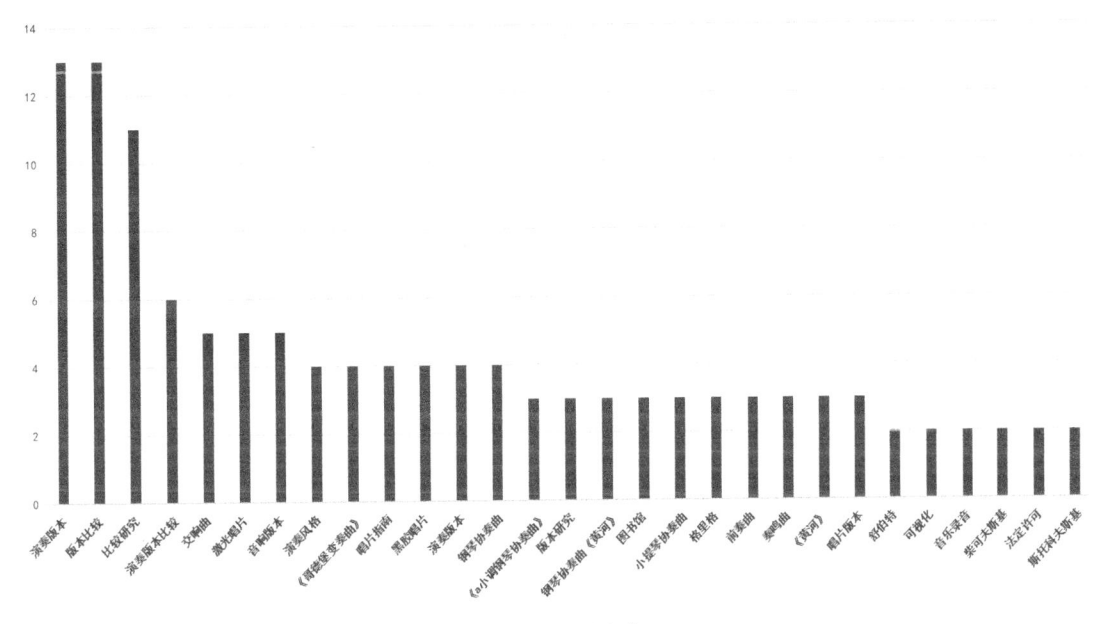

图4　主要主题分布

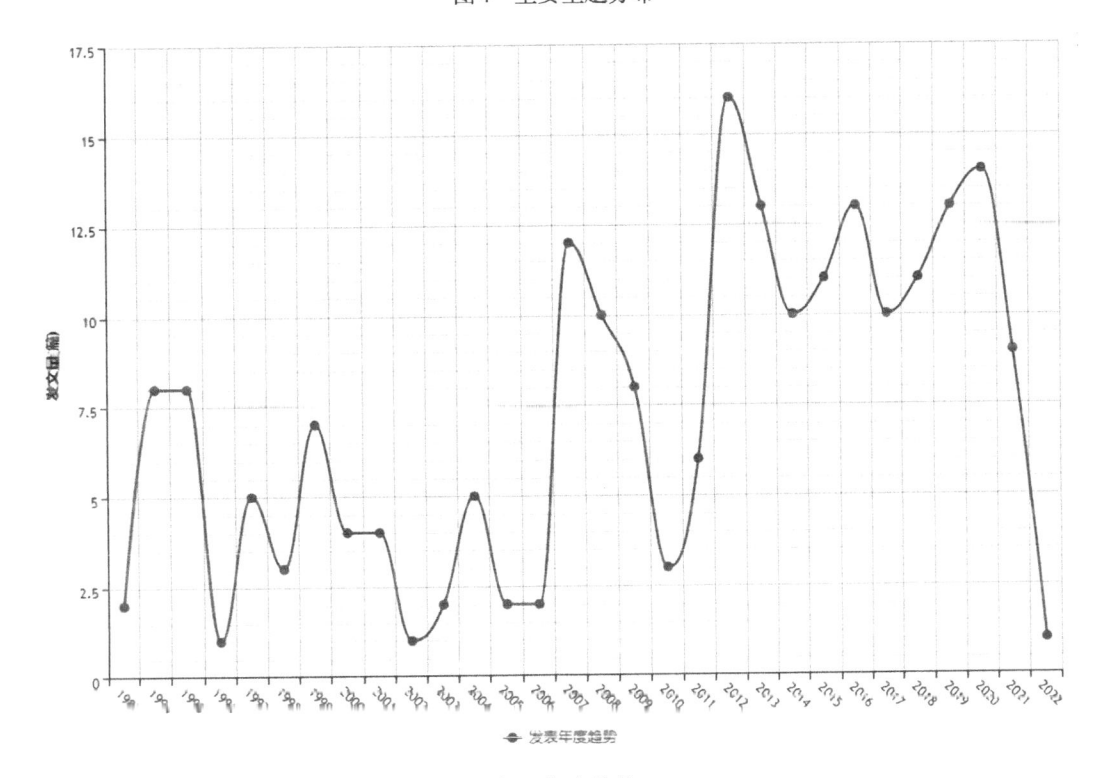

图5　年度趋势

图4表示论文主要主题的分布统计，可以看出其中对于演奏版本和版本比较的研究论文均为13篇。图5表示论文发表年度趋势的曲线图，可以看出从1987年到2022年的36年间，发表论文的曲线波动。笔者对这些论文进行了仔细研读，其中以唱片为研究对象，从中国音乐录音版本、演奏或演唱角度进行研究的论文仅有21篇，从音乐文献学的角度对唱片版本进行研究的论文仅有1篇，由此可见，仅仅从音乐文献学的角度对唱片版本进行研究，尚有许多研究价值，尤其利用新媒体技术对音响档案资源进行数据转化整理之后，音响档案为音乐学、图书馆学、档案学的学术研究提供了更多可拓展的层面。

2. 从专业人才培养的角度看

音乐音响档案的管理者是一个跨学科的应用型兼研究型的职业，要求从业者既有音乐专业背景，又具备图书馆学或者档案学专业知识。但目前在音乐院校图书馆，这种复合型人才严重缺失。因此，加强音乐与图情、档案跨学科人才培养机制的建设，培养音乐档案管理和研究的专门人才，有助于提高音响档案管理者的专业素养，充分发挥专业优势，加强职业的认同感。

上海音乐学院在音乐档案人才培养方面，在国内率先迈出坚实的一步，于2018年和2019年先后主办"高校传统音乐视听档案建设工作坊""珍贵历史音乐档案处理与保存专业人才研修会"，以及与中国非物质文化遗产保护中心联合主办"珍贵历史音乐档案（音视频与纸质）处理与保存专业人才培训班"，目的就是针对我国当前音乐档案专业人才，尤其是兼修音乐、图情、信息等学科的复合型专业人才稀缺的现实问题，在高等院校人才培养能力尚不可企及的大背景下，对现有档案从业人员的高水平培训成了切实可行的解决路径。

从应用的角度来看，音乐音响档案不仅是音乐学或者音响档案管理者、研究学者的宝贵资源，而且还是很多读者没有认知的领域，只是目前没有被更多的人重视，需要管理者、研究者相互合作积极挖掘、开发、整理和推广。正如上海音乐学院萧梅教授所说：目前音乐档案在整个档案学研究和音乐研究过程中均属于相对边缘的领域，但不可忽略其成为中心的意义和价值，因为所有的边缘都有成为中心的可能性，而所有的中心也都离不开边缘的支持。那么，作为音响档案管理者或图书馆、档案馆馆员，努力去推动音乐档案工作的发展，是义不容辞的责任，对于音响档案的学科研究发展具有深远的意义。

五、结语

今年4月23日世界读书日，中国艺术研究院发布新闻，将该院收藏、建设的"世界的记忆——中国传统音乐录音档案"数字平台上线试运行，向公众免费开放，"将这些文化遗产与世界共享，为音乐类非物质文化遗产的记录和保护提供可资借鉴的经验，促进传统文化遗产的保护和利用"。中国艺术研究院这一开创性举措引起学术界和社会的极大反响，也为国内各音乐院校图书馆树立了新媒体资源开放共享的典范。我馆将进一步以新媒体为支撑，依托馆藏音乐音响档案，创建文化活动品牌，拓展多元化的服务模式，同时期待国内音乐院校图书馆联盟也能够积极行动起来，协调合作，联合搭建一个数字化资源共享平台，不仅能够集结各高校的特色资源和科研成果，而且以创新的多元化方式保护并展现音响之美、音乐之美、历史之美，使之成为一个传播和弘扬各民族、各地域音乐和传统文化的新阵地。

参考文献

[1] 段红智：《新媒体时代高校图书馆员角色新定位》，载《科技资讯》，2019年第17卷第32期，第182–183页。

[2]《珍贵历史音乐档案（音视频与纸质）处理与保存专业人才培训班招生通告（一）》，https://zgysyyw.shcmusic.edu.cn/2019/1228/c457a6364/page.htm

[3] 卢旸：《7000小时"中国传统音乐录音档案"上线》，载《音乐周报》，https://baijiahao.baidu.com/s?id=1731254667104611278&wfr=spider&for=pc

本文为2010年北京市教委科技面上科研课题"历史声音文献修复与数字化研究"（项目编号：KM201010046001）、2020年北京市教委资助的科研课题"传统音乐数据库活态资源建设"（项目编号：10202001/003）的研究成果。

本文发表于《人民音乐》2022年第11期

全国高等音乐院校图书馆基本情况比较
——基于11所音乐院校图书馆网站数据的调查分析

牟晟斓

摘要： 目前全国共有十一所高等音乐院校，各个音乐院校的图书馆作为高等音乐教育机构的一部分，担负着专业学科信息资源建设与保障、赋能师生教学科研与学术创新的使命。本文基于十一所音乐院校的官网及图书馆网站的浏览与调查，就各馆的馆舍面积、实体馆藏量、电子资源、特藏资源以及组织结构等方面进行了初步的调研与比较。

关键词： 高校图书馆；音乐院校；调查分析

目前全国共有十一所高等音乐院校，分别为：中国音乐学院（下文简称国音）、中央音乐学院（下文简称央音）、上海音乐学院（下文简称上音）、天津音乐学院（下文简称天音）、星海音乐学院（下文简称星音）、武汉音乐学院（下文简称武音）、西安音乐学院（下文简称西音）、四川音乐学院（下文简称川音）、沈阳音乐学院（下文简称沈音）、哈尔滨音乐学院（下文简称哈音）、浙江音乐学院（下文简称浙音）。各个音乐院校的图书馆作为高等音乐教育机构的一部分，从硬件条件与软件水平两方面共同影响着各音乐院校的人才培养。本文就以上十一所音乐院校的图书馆网站内容进行了比较全面的访问与梳理，并对各馆的馆舍面积、实体馆藏量、电子资源、特藏资源、机构设置以及馆员结构等方面进行了初步的调研与比较。

一、数据来源及研究方法

本文的调研数据主要来自十一所音乐院校的图书馆网站及微信公众号平台，具体详见表1，调查时间为2020年11月。

表1　十一所音乐院校图书馆网站访问地址及微信公众号

院校名称	图书馆网站访问地址	外网访问状态	微信公众号
国音	http://lib.ccmusic.edu.cn/	可访问	ccmusiclib
央音	http://library.ccom.edu.cn/	可访问	无
上音	https://tsg.shcmusic.edu.cn/	可访问	shclibrary2019
天音	http://lib.tjcm.edu.cn/	可访问	tjcm_lib
星音	http://www.xhcomlib.cn/	可访问	Xinghailibrary
武音	http://library.whcm.edu.cn/ShangYeWy_Library/Index.html	可访问	武汉音乐学院图书馆
西音	http://tsg.xacom.edu.cn/	可访问	XYTSG_WX
川音	http://lib.sccm.cn/index.htm	可访问	sccmlib
沈音	http://lib.sycm.com.cn/	可访问	sycm-lib
浙音	http://lib.zjcm.edu.cn/	可访问	ZJCMLIB
哈音	http://lib.hrbcm.edu.cn/	不可访问	哈尔滨音乐学院图书馆音乐博物馆

由表1可以看出，除哈音外，基本上各音乐院校图书馆主页都已开放了外网访问的权限；除央音外，大部分图书馆也都已开通基于微信平台的移动图书馆服务，央音图书馆目前主要依托学校的企业微信平台开展移动图书馆服务。

笔者就表1中列出的相关网站及平台内容进行了比较全面的访问与梳理，将所查数据与信息主要以图表的方式呈现出来，就各馆的馆舍面积、实体馆藏量、电子资源、特藏资源、机构设置以及馆员结构等方面进行初步的比较。

二、音乐院校图书馆基本情况比较

（一）馆舍面积

十一所音乐院校图书馆的馆舍面积及分布情况详见表2。各馆馆舍面积从大到小的排名依次是：浙音（18000平方米）、川音（16000平方米）、星音（10605平方米）、哈音（6000平方米）、武音（4870平方米）、央音（4780平方米）、天音（4138平方米）、沈音（3700平方米）、国音（3351平方米）、西音（3126平方米）、上音（2052平方米）。就各馆的馆舍分布而言，星音、浙音、武音、天音等音乐院校图书馆都有各自比较突出的特色空间与服务，如星音的MIDI实验室，武音的数字音乐体验中心，天音的信息共享空间，浙音的研修空间、浙音讲堂、学术交流厅以及音乐博物馆、敦煌乐舞艺术展厅、施光南音乐艺术馆、校史馆等四个展馆。

表2 十一所音乐院校图书馆馆舍面积

院校名称	馆舍面积（平方米）	馆舍分布
国音	3351	设音乐书库、综合书库、期刊阅览室、工具书与外文书阅览室、电子阅览室、多媒体资源库、特藏阅览室、视听文化空间
央音	4780	设乐谱部、书刊部、音像部
上音	2052	设音乐文献阅览室、乐谱借阅处、音像试听部、中文图书借阅处、特藏室
天音	4138	设综合书库、专业书库和乐谱库、期刊阅览室、信息共享空间、视听欣赏室、音像厅、高保真视听室、电子阅览室
星音	大学城图书馆和沙河校区分馆建筑面积共计10605平方米	拥有大学城图书馆和沙河校区分馆，设典藏书库、音乐书谱库、综合书库、专业阅览室、综合阅览室、参考阅览室（内设岭南特色音乐资料专藏）、专业欣赏室（11间）、耳机欣赏室（2间）、MIDI实验室（2间）、电子阅览室（2间）
武音	4870	滨江新校区：设外借处、学生阅览室、专业阅览室、自习室、数字音乐体验中心、电子阅览室 解放路校区：设附中阅览室、附中电子阅览室

续表

院校名称	馆舍面积（平方米）	馆舍分布
西音	3126	设专业阅览室、普通阅览室、音乐资料室、普通资料室、音像资料室、CD/磁带欣赏室、VCD欣赏室、刻录室、教授工作室、《音乐文化信息》编辑室、小型报告厅、电子阅览室、复印室
川音	建筑面积16000平方米，分锦江校区图书馆和新都校区分馆	锦江校区图书馆：设电子阅览室&音像资料库、报刊阅览室、艺术图书外借室、综合图书外借室、教参阅览室 新都校区分馆：设电子阅览室&音像资料库、报刊阅览室、艺术图书借阅室、综合图书借阅室、教参阅览室、社科图书借阅室
沈音	3700	设乐谱流通库、音乐理论及社科书库、报刊阅览室、电子阅览室、科研资料室、音像流通库、古籍库等库室
浙音	18000	设外借书库（专业书库、综合书库）、特藏书库（含乐谱样本、古籍图书、工具图书、精品大码洋图书）、专题书库（李岚清艺术教育研究室、格物书屋、陶广平古典音乐收藏馆、丝路文库、捐赠书库）、期刊阅览室、音像资料室、多媒体空间、研修空间、浙音讲堂、学术交流厅，此外还设有音乐博物馆、敦煌乐舞艺术展厅、施光南音乐艺术馆、院志（校史馆）等展馆4个
哈音	总建筑面积为6000多平方米，其中图书馆3400平方米，音乐博物馆近3000平方米	设报刊阅览室、综合图书阅览室、乐谱阅览室、外文工具书阅览室、特色馆藏室、视听室，与音乐博物馆相连

（二）实体馆藏

十一所音乐院校图书馆的实体馆藏情况详见表3。就实体文献总量而言，从多到少的排名依次是：川音（174万）、央音（54万）、武音（42万）、上音（40万）、浙音（35万）、国音（33万）、天音（32万）、西音（30万）、星音（28万）、沈音（25万）、哈音（15万）。就特藏资源而言，各馆基本都有自己的特色资源，比如：央音图书馆藏有古琴名家查阜西先生所捐古琴资料470余种，上音图书馆藏有萧友梅、黄自、贺绿汀、李四光、江定仙等著名作曲家的珍贵手稿约500份，星音图书馆设有岭南特色音乐资料专藏，川音设有"中国西南地方音乐文献"和"王光祈著述及研究文献"两个特色专藏,沈音藏有珍贵古籍资源等。

表3 十一所音乐院校图书馆实体馆藏具体详情(单位:万册)

院校名称	图书 综合	图书 音乐	乐谱	音像资料	期刊	特藏资源
国音	10	3.7	8.7	10	0.55	艺术档案13000余件/册、现代乐谱资源库900余册、博硕论文约2000册、古籍线装书16158册(2146函)
央音	3	8	16.6	24.8	1	古琴名家查阜西先生所捐古琴资料470余种、中华再造善本1232种及线装书2690余种;非正式出版物共藏有5000余件,主要为作曲家手稿、学位论文、节目单、宣传海报、音乐机构介绍、音乐比赛介绍、民间音乐采风资料等
上音	各类图书乐谱共计约21万套			7.3万套	1	特藏资料约7000册,作曲家手稿500份左右
天音	19.9		6.2	6.1	—	收藏老唱片2.7万余张;现存11292册俄文原版乐谱及少量的俄文、日文原版专业理论书
星音	11.8	1.2	4.1	5.5	4.7	设岭南特色音乐资料专藏
武音	纸质书谱约36万余册(音乐专业书谱15.8万册 综合图书15.2万册)			5.5	0.6	学位论文1523册,外界捐赠资料3474件,特藏资料9309册
西音	截至2014年9月,图书馆已拥有实体馆藏30余万册					网站暂无相关介绍
川音	以文学艺术,尤其是音乐和美术文献为主要特色,纸质文献和音像资料总藏量达135万册(件),全部文献总藏量达174万册(件)					拥有"中国西南地方音乐文献"和"王光祈著述及研究文献"两个特色专藏

续表

院校名称	图书 综合	图书 音乐	乐谱	音像资料	期刊	特藏资源
沈音	3.1	4.5	8	5.4	3	现馆藏古籍文献共1342种、11417册。其中，馆藏《重修正文对音捷要真传琴谱大全》（十卷）于2009年入选首批"辽宁省珍贵古籍名录"；《蓼怀堂琴谱》（[清]云志高撰，康熙二十五年刻本）和《新定九宫大成南北词宫谱八十一卷总目三卷闰集一卷》（[清]周祥钰、邹金生等辑，乾隆十一年允禄刻，朱墨套印本）于2014年入选第三批"辽宁省珍贵古籍名录"
浙音	32		3		—	网站暂无相关介绍
哈音	13.6		1.3		—	暂未找到相关信息

（三）电子资源

十一所音乐院校图书馆的电子资源情况详见表4。就各馆购置的电子资源总数而言，从多到少的排名依次是：天音、川音、上音、国音、浙音、央音、武音、星音、西音、沈音、哈音。其中，中文数据库的购置数量从多到少的排名依次是：川音、天音、上音、国音、浙音、星音、西音、沈音、央音、武音、哈音，外文数据库的购置数量从多到少的排名依次是：天音、国音、上音、武音、央音、浙音、西音、川音、沈音、星音、哈音。就自建的数据库情况而言，各馆基本上都有依托自身的特藏资源建设具有各自特色的数据库平台，其中星音、武音、西音、川音、沈音等院校的图书馆的自建数据库具有比较鲜明的地域特色，从数量上比较，天音、西音、沈音的建库数量比较多。

表 4 十一所音乐院校图书馆电子资源具体详情

院校名称	电子资源购置数量 中文数据库	外文数据库	总数	自建数量	自建数据库详情
国音	20	11	31	5	传统音乐资源库、艺术档案资源库、乐谱资源库、音视频资源库、学位论文库
央音	7	7	14	6	馆藏钢琴乐谱全文阅览、馆藏音乐社科书籍全文阅览、馆藏音乐核心期刊全文阅览、中国歌曲全文库、马思聪专题乐谱专著全文库、学位论文库
上音	23	9	32	—	网站暂无相关介绍
天音	28	19	47	27	网站暂无法查看详细列表
星音	11	1	12	4	教师成果音视频库、教师成果图书库、典藏乐谱库、岭南音乐资源数据库
武音	6	8	14	5	公共安全教育平台、黄海怀专题数据库、校史馆数据库、湖北民族民间音乐资源、馆藏数字化平台
西音	8	3	11	15	西安鼓乐数据库、馆藏声乐曲目数据库、赵季平音乐数据库、学位论文数据库、陕北民歌数据库、饶余燕音乐数据库、韩兰魁音乐数据库、鲁日融教授数据库、乐谱资料数字服务平台、基本乐科教学资源数据库、本科生研究生音乐会数据库、西安音乐学院随书光盘数据库、歌剧《唐璜》专题数据库、专家教授数据库、秦派二胡资源数据库
川音	39	3	42	6	王光祈研究、羌族民间音乐、罗念一研究、音视频点播、本院师生作品、艺术资源导航
沈音	8	2	10	11	劫夫视频数据库、劫夫全文数据库、我院师生演出视频库、东北二人转音频数据库、东北二人转视频数据库、评剧老唱片音频库、京剧老唱片音频库、乐亭大鼓音视频数据库、说唱音乐珍品数据库、延安鲁艺时期音乐作品数据库、节目单数据库

续表

院校名称	电子资源购置数量			自建数据库	
	中文数据库	外文数据库	总数	自建数量	自建数据库详情
浙音	19	4	23	3	音像资源数字化服务平台、纸质资源数字化服务平台、学位论文数据库
哈音	2	1	3	—	暂未找到相关信息

（四）机构设置

十一所音乐院校图书馆的机构设置情况详见表5。总体上，各馆的组织机构基本上大同小异，设有采编、流通、参考咨询、技术等常规业务部门。此外，国音图书馆和星音图书馆还设有特藏部和学科服务部，浙音图书馆设立了"丝绸之路乐舞艺术研究中心"和"天平乐府"研究室。其中最具特点的是上音图书馆，除常规业务部门外，它还下设了中国当代音乐研究与发展中心、中国当代音乐家手稿馆、历史音频修复实验室三个研究机构，并与图书馆的特藏资料室等部门形成一个从资料收集、整理编目、数字化、专业典藏到研究的良性循环体系：中国当代音乐家手稿馆的主要任务是收集、整理编目和典藏各类手稿，历史音频修复实验室的主要任务是修复、整理和生产有关于中国当代音乐的音响文献，特藏资料室的主要任务是收集、整理编目和典藏纸质特种文献，中国当代音乐研究与发展中心与校史馆下设的校史研究机构负责对这些不同类型的文献进行研究，产出成果后再交送中国当代音乐研究与发展中心和校史馆通过实物展览和网络展示方式予以发布。

表5 十一所音乐院校图书馆机构设置及馆员结构具体详情

院校名称	机构设置	馆员结构
国音	设资源建设部、流通部、学科服务部、特藏部、技术部、校史与博物部等6个部门和办公室	有正式员工23人，其中教授1人，研究馆员1人，副研究馆员2人，硕士研究生13人，博士研究生4人
央音	设图书馆办公室、乐谱部、书刊部、音像部、编目部、参考咨询部、技术信息部等8个部门	有正式员工35人

续表

院校名称	机构设置	馆员结构
上音	设办公室、采编部、流通部、阅览部、视听部、数字文献技术部、校史馆7个部门和中国当代音乐研究与发展中心、中国当代音乐家手稿馆、历史音频修复实验室3个研究机构	有人员22人，其中教授1人、处长1人、副研究馆员1人、馆员12人、助理馆员7人
天音	设办公室、采编部、流通部、期刊部、视听中心、资源部、技术部、信息咨询部等8个部门	暂无相关介绍
星音	设采编部、流通部、参考咨询与培训部、现代技术与咨询部、学科服务与特藏部、沙河校区读者服务与管理部等6个业务部门和办公室	暂无相关介绍
武音	设采编部、流通部、音像部、技术部等4个部门	有工作人员27名，其中正式馆员17名，外派人员9名，临时工1名，副高及以上专业技术人员2名，具有研究生学历的馆员11名
西音	设办公室和采编部、信息推广部、流通部等4个部门	有工作人员24名，其中副高及以上专业技术人员6名，12名馆员拥有硕士学位
川音	设办公室、资源建设部、信息技术部、读者工作部、参考咨询部、新都校区图书馆等6个部门	有正式工作人员36人，具有本科以上学历35人，其中硕士19人；有教授1人，研究馆员1人，副研究馆员3人
沈音	设采编部、流通部、信息资源部、办公室等4个部门	有工作人员23人，馆长1人，副馆长2人
浙音	成立了"丝绸之路乐舞艺术研究中心"和"天平乐府"研究室	暂无相关介绍
哈音	暂无相关介绍	暂无相关介绍

（五）总结

综合表2至表5中的数据来看，在馆舍面积上，浙音、川音、星音等音乐院校图书馆位居前列；就馆舍功能而言，星音、浙音、武音、天音等音乐院校图书馆都有各自比较突出的特色空间与服务；从实体馆藏总量来看，川音、央音、武音和上音都位居前列，单就音乐专业实体馆藏量而言，比较突出的是央音和上音；从电子资源和自建资源来看，各馆基本都有购置目前国内外常用的电子资源，如知网、库客、ASP等，在自建资源方面，大多数图书馆也都根据各馆的学位论文、多媒体资源、艺术档案等特藏资源建设了若干专题数据库，但内容基本都未对外网开放，其中天音图书馆无论是电子资源规模还是自建资源的数量都位居第一；就各馆的机构设置来看，总体上大同小异，其中比较有特点的是上音图书馆，除图书馆常规业务部门外，它还下设了中国当代音乐研究与发展中心、中国当代音乐家手稿馆、历史音频修复实验室三个研究机构，并同其他部门开展的业务工作一起形成一个"藏"以致用的良性循环模式。

三、结语

音乐院校的图书馆作为高校的信息资源中心，担负着专业学科信息资源建设与保障、赋能师生教学科研与学术创新的使命。就目前各音乐院校图书馆的基本情况来看，各馆既有作为高校图书馆的基本共性，也有各自作为专业图书馆的特性。当前，特藏资源是高校图书馆的立馆之本，建立、发展和挖掘富有特色的音乐馆藏资源是各馆当前建设与发展的主要目标之一。未来，各馆之间应更多地探讨如何有效地开展特色资源的共建共享合作机制，形成合力为我国专业音乐人才的培养、音乐专业的学科发展和学术创新以及传统音乐文化的保存与弘扬提供支持。

参考文献

[1]《中国当代音乐研究与发展中心》，https://tsg.shcmusic.edu.cn/2019/1120/c278a4111/page.htm

本文是中国音乐学院校级科研项目"后疫情时代艺术院校图书馆信息资源建设与读者服务研究"（项目编号：YYB2209）的科研成果之一。

"互联网+"背景下艺术院校图书馆特色音乐资源构建与利用研究

宁方华

摘要："互联网+"技术在艺术院校图书馆中的使用，拓宽了图书馆特色音乐资源建设与利用的途径，也提高了特色音乐资源的使用效率。本文在分析"互联网+"技术对图书馆特色音乐资源建设促进作用的基础上，结合"互联网+"技术与多种新媒体技术的优势，构建了图书馆特色音乐文献资源构建的服务模式，并探究了"互联网+"背景下艺术院校图书馆特色音乐资源构建的实施策略，以期促进艺术院校图书馆实现多元化发展。

关键词："互联网+"；图书馆；特色音乐资源

艺术院校图书馆特色音乐文献资源是否丰富，特色资源整合能否为师生提供优质的学习资源，将会直接影响艺术院校对传统音乐文化的创新、传承与发展。在"互联网+"环境下，各个艺术院校图书馆都致力于利用现代信息技术与新媒体技术来挖掘特色音乐文献，增加图书馆特色文献资源的知识总量，为学习者提供多元化、高效化、定制化的特色资源选择途径，拓宽艺术院校图书馆个性化服务支持渠道与服务能力，以期全面促进艺术院校特色音乐教育。

一、"互联网+"环境对艺术院校图书馆特色建设的促进作用

在"互联网+"背景下,现代化信息技术的应用途径进一步丰富。目前,艺术院校图书馆以数字化综合平台为基础,进一步将各种新媒体、资源开发工具、阅读工具等聚合在一起,提高图书馆特色化信息资源的整合利用力度。其突出作用主要表现在以下三个方面。

(一)促进了音乐资源由静态向动态转变

图书馆特色音乐资源建设的主要目的之一就是利用现代新媒体工具、信息技术工具便捷地将特色音乐资源向师生推送。因此,在特色音乐资源建设时,必须以当前服务对象的综合性、个性化、动态化的需求为切入点,以图书馆原有的音乐资源为基础,尽可能将特色资源的提供从传统的静态传递模式转变为动态服务模式。从当前的实践情况来看,"互联网+"技术在促进音乐资源由静态向动态转变的过程中,提供了更为有效的实现路径。"互联网+"技术可以对图书馆馆藏音乐资源进行深层次的挖掘,并利用多种信息工具聚合社会资源与网络资源来构建图书馆的特色音乐资源,拓宽图书馆服务的广度与深度。同时,借助网络化运行平台、智能技术、大数据技术还可以对图书馆静态的特色音乐资源进行处理,将其转变为动态传输,从而便于师生能够利用多种信息工具进行查询。

(二)促进了多元化的嵌入式服务

"互联网+"环境下,信息技术工具在图书馆文献资源服务中得到了深度的应用,使得图书馆音乐特色资源的建设更加趋向综合性发展。一方面,图书馆提供的特色音乐资源不再是传统意义上的纸质文献、视频资料等,利用统一标准所制作的数字化特色音乐资源进一步丰富了图书馆文献资源的构成,这就为音乐资源用户利用聚合化智能工具,实现在线微视频、微音频的制作提供了可能。另一方面,"互联网+"背景下,数字化图书馆从传统意义上的"音乐文献资源仓库"逐步转变成为"音乐资源知识超市",不仅方便了用户利用多

种信息工具、渠道来获取特色音乐资源，而且还可以享受到学科馆员在线参考咨询服务，甚至可以邀请图书馆馆内外专家嵌入参考咨询服务的全过程。

（三）促进了区域特色音乐资源的整合

随着"互联网+"技术对图书馆的影响日渐深入，艺术院校图书馆的工作人员能够结合多元化信息使用工具，充分挖掘不同地域的特色音乐资源，并对地方特色的音乐资源进行整合。例如中国音乐学院建立的"中国民族民间音乐展演采录实况数据库"，将我国大部分不同地域特色的音乐资源进行归类，便于使用查询与利用地域特色音乐资源。同时，"互联网+"技术为用户提供了全新的学习模式与交流途径，如在线学习、在线音乐资源制作、移动学习等，方便区域内的专家、民间艺术家以及在校师生围绕地域特色音乐进行讨论、交流、在线制作合适的地域特色音乐资源，从而助力区域特色音乐文化的传承与发展。此外，图书馆在形成具有地域特色的数字化音乐资源库之后，还可以主动帮助用户选择合适的特色音乐资源信息，并在此基础上开展特色音乐资源库建设的创新活动。

二、"互联网+"背景下艺术院校图书馆特色音乐资源建设的服务模式

"互联网+"技术不仅改变了资源利用的模式，也为读者提供了多元的、多渠道的资源利用途径，同时也促进了图书馆注重特色音乐资源的建设。艺术院校图书馆应该结合特色文献资源使用的需求，根据本馆现有的馆藏特色资源，构建图书馆特色资源服务平台，充分融合多种技术与社会网络，为师生提供多元化的服务，满足高校师生的个性化需求。结合多种新媒体信息工具、"互联网+"技术等在图书馆特色音乐资源构建中的使用情况，本文构建了特色音乐资源的服务模式（图1）。在该系统的管理中，不仅图书馆的管理人员能够参与特色音乐资源信息管理平台的管理，用户也可以参与平台的管理，从而实现图书馆平台管理人员与用户共同对信息平台的建设与维护，这就极大地

拓宽了图书馆特色音乐资源文献库的建设与管理。其中，模型是否能够成功运行，关键在于以下三个方面。

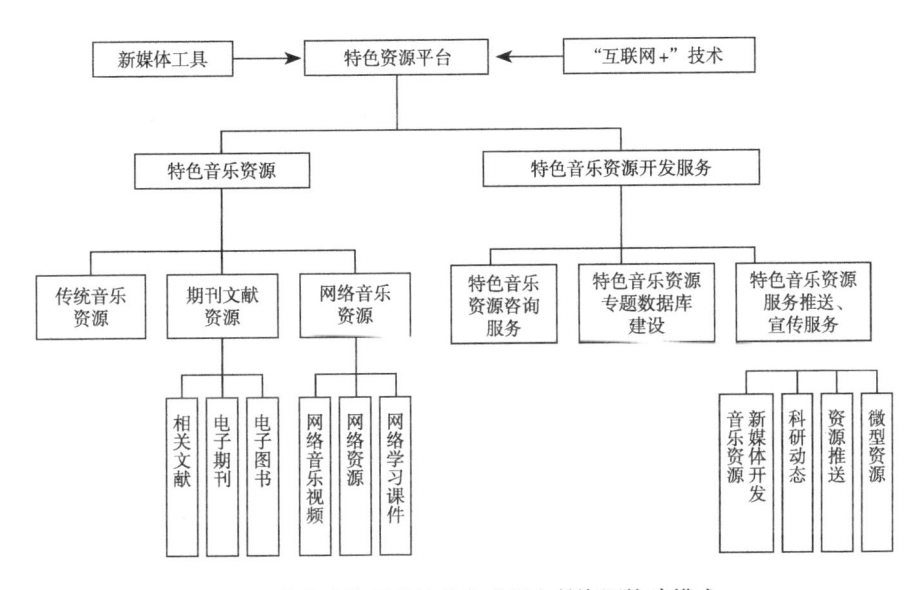

图1 艺术院校图书馆特色音乐文献资源构建模式

（一）特色资源平台的运行分工

前文已经提到该平台的特色在于能够实现平台的管理人员与用户对信息平台的共同建设与维护，因此，特色资源平台的运行可以从平台的管理人员与用户进行分工。

从平台的管理人员的职责来看，需要在有效实现多种新媒体工具与"互联网+"技术工具聚合利用的基础上，实现对图书馆现有的信息资源进行挖掘与整合，从而不断巩固和扩充数字化的音乐资源库。同时，还需要利用大数据分析技术对师生的特征进行分析和归纳总结，形成特色管理系统的学习者特征库，从而为实现面向用户的个性化音乐学习资源的推送奠定基础。

从用户的权责来看，一方面，可以利用特色音乐资源信息管理平台的多媒体加工软件，在线进行特色音乐资源的制作，并经图书馆平台管理员审核后，上传至特色音乐数据库，从而进一步丰富数据库资源；另一方面，用户还可以利用各种通信工具与其他用户进行实时的线上、线下交流，就所学习的音乐资源进行交流讨论，分析自己的学习观点，提高自己的学习效率。

（二）特色音乐资源数据库的形成

在特色音乐资源信息管理平台搭建之后，图书馆需要进一步构建特色音乐资源数据库。主要包括传统音乐资源加工、期刊文献资源库以及网络特色音乐资源库的形成。传统音乐资源加工方面，需要将现有的馆藏传统资源进行数字化处理，形成图书馆特色音乐资源的基础电子化资源数据库，主要是对图书馆现有馆藏的纸质文献、视频资料、音频资源、古籍音乐资源、文本资料等进行数字化处理之后形成传统的音乐资源库；期刊文献资源库主要将一些图书资料、期刊、学位论文、电子期刊、网络文献等相关的音乐文化资源进行搜集、整理，并利用标准统一的格式进行处理，形成图书馆的特色数字化音乐资源；网络特色音乐资源库主要对各种网络音乐视频、教师的教学课件、教案、教学资源、微课资源、视频资料等进行数字化的加工与处理，也可以是利用网络形成的不同图书馆之间的馆际音乐文献资源，还可以对师生利用各种新媒体工具发布自己学习的心得体会进行收集，将这些个性化的特色音乐资源聚合在一起，然后通过网络将其推送给不同的学习者。通过上述三大途径所形成的特色音乐资源数据库，将进一步形成立体化、一体化的特色音乐资源体系，从而更好地服务于用户。

（三）特色音乐资源开发服务

特色音乐资源开发服务应围绕以下三方面主体：一是围绕特色音乐资源，进行参考咨询服务。图书馆可以利用特色资源平台的多种信息媒体工具为用户提供资源的借阅与指导服务，实时在线解答用户在资源利用与查询过程中遇到的问题。二是围绕特色音乐资源，进一步满足师生移动学习的需求。特色资源平台可以结合音乐专业师生移动学习的特征，尽可能开发出多类型的"微型化"的特色音乐资源库，方便师生能够利用新媒体工具随时随地访问特色音乐资源平台，利用"微型"特色音乐资源进行学习。三是多途径实现特色音乐资源的推送与宣传推广。特色音乐资源管理平台的建立要能够根据图书馆发展的需求，利用新媒体工具、"互联网+"工具对图书馆的特色音乐文献资源进行宣传与推广，展开多种特色音乐资源学习活动、专题活动、阅读推广活动等，及时地介绍图书馆关于特色音乐资源建设的科研动态等，以吸引更多的读者利用这些资源参与图书馆特色音乐资源库的开发、建设、学习等活动，提高图书馆特色音乐资源的利用效率。

三、艺术院校图书馆特色音乐文献资源建设与利用的促进策略

图书馆特色音乐资源文献的建设不仅要能够不断地开发出新的文献资源，同时也要能够根据用户的需求，帮助用户订定详细的资源利用计划，更应该根据用户的特征，为其推送个性化的音乐学习资源，并将他们的学习体验与资源利用结合在一起，提高图书馆特色音乐资源的利用效率。

（一）注重用户体验的实现，开展便捷化服务

在"互联网+"的背景下，用户利用信息资源的需求也呈现出多元化的发展趋势。随着图书馆的特色音乐资源服务工具的进一步增多，如何更为及时地帮助艺术院校的师生，满足他们对音乐文献资源的检索、传递、加工、咨询等需求，已成为艺术院校图书馆特色化服务形成和推广运用的着力点。首先，图书馆需要改变服务观念，在具体的工作中要能够做到"以用户为中心"，将师生的学习体验作为图书馆服务的重要目标，依托特色音乐资源库，进行多样化、人性化服务设计。其次，要充分地利用"互联网+"的思维，实现用户服务的简洁化，可以考虑将QQ、微信、微博、爱奇艺等新媒体聚合到信息平台中，允许用户能够利用一个统一的账号登录到资源管理平台中，避免要求读者采用复杂的、烦琐的方法进行登录，形成一个统一性、便捷性的特色音乐资源利用网络环境，从而节约用户时间。最后，图书馆要致力于将相互独立的特色音乐资源库进行整合，形成统一格式的、便于跨库查询的特色音乐文献资源，

方便读者能够利用网络、手机或者新媒体工具登录到特色音乐资源管理平台中，搜索与查询自己需要的信息，提高特色音乐资源文献的使用频率。

（二）以音乐特色资源为基础，推动特色服务增值

艺术学院图书馆应在充分重视音乐资源特色馆藏体系建设的同时，进一步优化全馆文献资源建设总体规划，划拨专门的采购经费，依照一定的比例，从类型、载体等角度进行考量，收集相关音乐文献资料，并根据音乐推广活动的特点，及时进行改进。此外，图书馆除了要合理妥善地保管、留存活动视频资料外，还要立足于专业后期数字化技术，建立完善的特色数据库，从而为后续的研究开发提供便利。以天津图书馆音乐馆为例，其建立的特色品牌"音乐大讲堂"不仅讲座内容十分完善、系统，强调了互动性，具备较高的感染力，而且从可看性和冲击力等角度，也受到了国家数字图书馆推广工程专家组的认可和好评。值得一提的是，图书馆在对活动视频进行处理之后，还应通过图书馆网站或者微信公众平台，与读者进行共享，从而促使特色服务社会效益最大化。

（三）优化知识服务模式，推动特色音乐资源与教学的融合发展

知识服务作为图书馆文献资源开发利用的新方向，也应当为艺术学院图书馆所重视。结合艺术学院各层级音乐专业人才培养的重任，艺术学院图书馆更应当以特色音乐资源为基础，以优化知识服务模式为手段，来促进特色音乐资源与音乐专业教学的融合发展。从当前"互联网+"环境条件来看，两者融合的方式可以从在线学习、小组学习、现场实习三方面入手。其中，在线学习可以通过远程网络服务的方式来实现，主要向学生传授特色音乐资源查找、筛选、下载的技巧，从而提高学生利用图书馆检索工具从特色音乐文献中获取知识的能力；小组学习的内容主要有：不同学科音乐专业书目导读、信息资源专题应用、实践教学等；现场学习主要是在学科馆员模式下，以特色音乐资源为基础，由图书馆音乐学科服务馆员现场指导学生进行音乐加工、创造，并建立属于学生个人的音乐资源数据库。

（四）强化馆际间协同合作，促进特色音乐资源的共享共建

在"互联网+"的背景下，各种新媒体工具已经成为师生普遍使用的工具，图书馆如果仍然采用传统音乐资源的服务建设，明显不能满足音乐专业学科发展的需要，也不能满足师生学习的需求，馆际特色音乐资源库的建设已经成为当前特色音乐文献资源建设的重要发展途径。馆际特色音乐文献资源需要将图书馆的音乐书籍进行联合编目，电子期刊与网络音乐文献资源联合采购，实现图书馆现有特色音乐资源库的互联与共享，同时实现馆际之间的网络互联互通。当然，在馆际特色音乐资源建设的过程中，我们还需要注重不同图书馆之间的知识产权保护，形成不同馆际之间相互合作的特色音乐文献资源使用的共同体。例如中国音乐学院建立的"当代民族器乐表演艺术家艺术档案资料资源库"，方便不同区域的用户能够查询与学习。由于不同图书馆对于不同的音乐文献资源的积累、开发情况不一样，文献的种类也不相同，在实现馆际音乐文献资源共建共享的同时，图书馆还需要结合地域的发展优势，促进不同区域用户之间的相互联合与合作。

四、结束语

"互联网+"技术将各大图书馆特色音乐文献资源的开发有机地结合在一起，艺术院校图书馆应当积极运用新媒体技术、大数据技术、智能处理技术等对图书馆特色音乐文献资源进行开发，逐步实现音乐文献资源的数字化建设。同时，还应积极征求专家学者和社会各方的意见，努力形成具有指导性的特色音乐文献资源建设标准，从而在更为广阔的范围内，加强对音乐资源数据库的建设、开发与利用。

参考文献

[1]张丽荣:《浅析音乐学院的图书馆管理》，载《南昌教育学院学报》，2013年第5期，第87-89页。

[2] 温带宝:《特色资源建设与专业服务整合研究——以音乐图书馆为例》,载《图书馆学研究》,2012年第6期,第70-72页。

[3] 张继红:《数字时代的音乐学院图书馆》,载《星海音乐学院学报》,2011年第2期,第178-180页。

[4] 景月亲:《乐谱特色文献建设及开发的实践与思考——以西安音乐学院图书馆为例》,载《大学图书情报学刊》,2009年第8期,第51-54页。

[5] 莫筱梅:《网络环境下高校图书馆期刊资源建设》,载《图书馆学刊》,2015年第1期,第35-37页。

[6] 郭海明:《微信息环境下的图书馆"微"服务模式探讨》,载《山东图书馆学刊》,2014年第6期,第47-49页。

[7] 张真、丁国峰:《微信在图书馆信息服务中的应用实践》,载《图书馆杂志》,2014年第3期,第38-41页。

[8] 陈扬:《公共图书馆特色服务新体验——以天津图书馆音乐图书馆特色服务为例》,载《图书馆工作与研究》,2016年第1期,第23-26页。

[9] 杨东妮:《音乐院校图书馆数字音乐体验新思维》,载《儿童音乐》,2017年第9期,第75-77页。

[10] 杜辉、刘哲:《辽宁高校图书馆特色资源共享平台建设构想》,载《图书馆学研究》,2015年第18期,第63-67页。

音乐学院图书馆应急管理与学科服务探究
——以中国音乐学院图书馆为例

靳　婕　尚文佳

摘要：[研究问题]如何提高音乐学院图书馆的应急管理能力？如何建立业务过硬、负责任的应急服务团队加强学科服务？[目的]提升音乐学院图书馆应急服务能力，保障并优化图书馆对读者的学科服务。[方法]结合2020年新冠疫情期间音乐学院图书馆的应急服务实践，对音乐学院图书馆在突发事件中应急管理与学科服务进行梳理和探究。[结论]音乐学院图书馆只有牢固树立高度的忧患意识，平时做好应急管理和服务演练，才能积极地面对突发公共事件，有条不紊地为师生读者提供学科服务。

关键词：音乐学院图书馆；应急管理；学科服务

一、引言

2020年新冠疫情的暴发，威胁到整个人类的生命安全，给人类社会政治、经济带来不可估量的损失。这次疫情也给国内各高校图书馆的应急管理和信息服务保障带来深刻的考验。面对这种境况，高校图书馆应该如何做好应急管理和学科服务？尤其对于专业性较强的音乐学院来说，尤其应该重视。笔者结合本单位的应急服务实践，对疫情期间的应急管理服务进行梳理和探究，目的在于提升音乐学院图书馆应急服务能力，保障并优化图书馆的读者服务工作。

二、新冠疫情期间我馆的应急管理与学科服务

面对2020年新冠疫情，国内各高校图书馆都结合自身的特点推出多样化的服务。笔者结合所在的中国音乐学院图书馆在疫情中所做的实际工作，来谈谈突发事件中的学科服务。中国音乐学院图书馆是以音乐艺术类的图书乐谱和音像资料为特色的专业图书馆。2003年非典疫情期间，由于信息技术尚不发达，文献资源也没有数字化，应急的文献资源服务手段很落后，只能闭馆停止服务两个月。随着时间的推移和计算机信息技术的迅速发展，我馆在资源建设方面加大了数据库、电子资源和特色资源等数字资源的建设，在读者服务方面，于2011年建立了学科馆员制度，结合学科馆员的业务能力和专业背景，面向学院系部及专家学者开展学科服务。不仅如此，我馆还建立健全了应急管理制度，实行网格化管理，责任到人，对于公共卫生等突发事件，也制定了相应的管理办法。

2020年新冠疫情暴发，师生们无法返校学习，老师将传统教学方式改为线上教学，这也使学生们的学习方式发生了改变，阅读习惯和阅读需求也发生了变化。在这种情况下，图书馆及时启动应急管理机制，秉承读者在哪里，服务就应该在哪里的宗旨，依托馆藏数字资源和特色库资源，发挥馆员们的主观能动性，充分利用微信公众号、免费开放数据库资源、举办线上展览、提供个性化服务等多种媒介和手段，把传统的线下服务搬到线上，为师生们提供多方位、多元化的服务。

（一）微信公众号服务

2020年1月底开始，国内的数据库商家陆续提供免费服务或者远程在线活动，在学科服务部老师努力提供服务的同时，数据库商家也及时与图书馆沟通，推出了多期以数据库使用为主的微信公众号推文，为本院师生提供数据库服务。另外，为开辟更多的数字资源渠道，我们主动联系商家，开通新的数据库和资源平台为师生试用。不仅如此，4月23日世界读书日期间，图书馆与数据库商家联合举办读者阅读活动，鼓励读者在家里充分利用学校的优质资源

进行阅读学习。由于资源载体类型多种多样、使用方式方法不一,有些老师和学生在实际操作中遇到障碍,我馆多位馆员通过不同的方式,如教师或学生微信群、企业微信以及电子邮件、电话等等在线进行答疑,及时为师生解决实际问题。

(二) 推送学科资源

为了便于学科馆员开展学科服务,我馆于2017年建立了图书馆推荐学科资源的微信群,不定期在教师资源推荐群和多个学生群、老师群内推荐文献资源及图书馆的活动信息。疫情期间,我们充分利用这些微信群,为师生推荐学科资源、推送音视频资源,同时还推荐了一系列艺术类线上展览及讲座信息,供师生选择观看。

为了保证本校师生读者在疫情期间正常进行工作和学习,图书馆积极联系学院网络中心,开放了校内外网络访问途径,所有师生读者可以通过网络检索并下载图书馆在线网络资源,如乐谱数据库、中华传统音乐资源库、音视频资源库等等,以保证图书馆的电子资源能够正常使用。另外,疫情期间恰逢学生毕业季,我校图书馆整合第三方网络资源,有针对性地挑选文献检索和论文写作方面的网络资源向读者推送,如知网举办的论文阅读写作公益大讲堂直播计划、新东方免费开放的好课推荐《文献调研与信息检索》,旨在提高学生的文献检索能力和论文写作技巧。

(三) 举办线上艺术档案展览

在我馆的馆藏资料中,有一部分是学院专家的教学手稿、论著、乐谱、照片、音视频资料以及各类实物等珍贵的艺术档案资料。疫情期间,我馆利用已经数字化的艺术档案资料,举办了"馆藏安波、马可先生照片档案展"。

安波先生是我院建院之初的首任院长,是我国革命文艺事业的领导者、组织者,马可先生曾任我院副院长、中国歌剧舞剧院院长,是我国音乐理论家、作曲家。两位先生都是中国近现代音乐史上举足轻重的人物,音乐创作涉及多种音乐体裁和形式,他们的音乐作品深受广大群众喜爱。不仅如此,他们还深入田间地头采集、记录大量民歌和民间音乐，是中国民族歌剧的奠基者，为中国的民族音乐事业发展做出重大贡献。此次，我馆举办线上艺术档案展览意义非凡，这些艺术档案是我馆搜集整理的特色馆藏，大部分照片都是第一次公开，时间跨度大，从20世纪30—70年代，每张照片都做了详细的标注，让我们对两位音乐家有了更详细的认识。展览在4月份经图书馆微信公众号推出，立即收到强烈反响，得到了国内很多音乐专家学者的好评。

（四）线上艺术与阅读讲座

疫情期间，北京市高教学会图书馆工作研究会高等音乐学院专业委员会倡议并联合北京的艺术院校图书馆共同举办了"艺术与阅读"高校线上讲堂活动，汇集了国内艺术与阅读领域十位顶级专家，采用线上"直播+回放+互动+答题"的授课方式，以各自的研究领域为主题做了十场讲座。

我馆也积极地参与组织该项活动，对活动进行了大力推介，师生们积极参加艺术与阅读线上课堂活动，并与专家互动交流，收获颇丰。活动期间，馆长付晓东教授作为音乐领域的专家，为师生们做了一场题目为《音乐与科学——对垒与同盟？》的生动精彩的讲座，吸引了上万人次师生在线观看讲座并进行了师生互动。这次艺术与阅读活动历时三个月，据统计，本次活动线上课堂实时参与师生1万余人次，课后回访参与师生22万余人次，其中参与答题师生达到18万余人次。

（五）推广馆藏特色资源

艺术教育是中国现代教育的重要组成部分，它从音乐、美术的角度培养人们运用艺术美、自然美、社会生活美的审美观念，提升人们感觉美、鉴赏美、创造美的能力。音乐学院的图书馆与教学一线共同肩负着艺术教育的功能，通过推广馆藏特色艺术资源，为师生提供阅读内容。我馆的中华传统音乐资源库建设项目从2003年开启，对于传统音乐的采录、收集和研究，积累的大量一手的音视频资料，成为我馆重要的特色资源。疫情期间，除了向师生开放远程登录访问中华传统音乐资源库的权限外，学科馆员还积极整合图片、文字、音视频资源设计制作传统音乐电子杂志，以图文声像并茂的形式呈现每一个专题采风活动，并在手机微信公众号和校园网发布，多途径多形式地展示传统音乐资源，供师生们浏览欣赏。目前已上线的传统音乐杂志覆盖我国的东北、华北、华中、西南等地区，包含汉族、藏族、蒙古族、苗族、赫哲族等民族。2020年11月，在北京市高教学会图研会数字图书馆专业委员会主办的"新常态、新技术、新服务——携手构建智慧图书馆"学术研讨会暨2020年度北京地区高校数字图书馆年会上，我馆提交的"传统音乐电子杂志"应用案例荣获三等奖和最佳人气奖。

三、音乐学院图书馆应急管理的思考

音乐学院的图书馆作为传播艺术专业知识信息的中心，不仅是院校内开放时间最长、人员最集中的场所，而且也是图书、乐谱以及老唱片、录像带、光盘等等各种介质的文献资源收藏地，会面临各种危机的侵扰，如图书乐谱资源受到虫灾、霉变，磁带的退化，唱片的变形、碎裂等等，以及人为因素的破坏。在一定程度上，图书馆的开放程度越大，文献资源使用越频繁，面临危机侵扰的可能性就越大，因而无形中也为各种病原体提供了传染的条件。那么，在突发事件中音乐学院图书馆应该如何应对呢？

（一）建立健全应急管理预案

2013年国务院办印发了《突发事件应急预案管理办法》（简称《办法》），该《办法》"对预案编制，审批、备案和公布，应急演练，评估和修订，培训和宣传教育，组织保障等方面进行了详细的阐述，规范了突发事件应急预案（以下简称应急预案）管理，增强了应急预案的针对性、实用性和可操作性"。国家的法令法规，应急处置工作实行应急力量。高校图书馆作为学校的二级部门，应听从学校应急指挥部的统一领导、统一指挥、统一调度，牢固树立危机意识，建立健全自身的应急管理预案，这是及时处置突发事件的关键所在。

图书馆依据国家相关的法律法规，并结合自身实际情况，制定了图书馆内

控制度《突发事件总体应急预案》，明确了各类突发事件的防范工作和相应的处置措施，使图书馆提升处理应急事件的快速反应能力，最大程度地降低危害、减少损失，保证国家财产及人员的安全。

（二）做好馆内应急预备服务

图书馆的空间环境及馆藏文献资源是吸引读者到馆来的主要决定因素，这里也是院校里人员相对集中的场所，那么保护师生读者的人身安全、对他们进行应急培训，是图书馆的重要责任。图书馆指定专人进行预警监测工作，收集突发事件的风险信息，汇总后由馆领导全面掌握各类风险隐患情况。同时，针对馆员和读者不同的群体制订应急培训计划，一方面，组织开展对馆员的应急培训，以预防为主，加强对全员的培训，对重点岗位开展形式多样的消防卫生等应急知识宣传，全面普及预防自救消毒防护等知识和技能，加强馆员们的应急管理能力；另一方面，应急服务团队要做到大力普及应急宣传教育，对师生读者进行防灾、自救、消毒、防护等知识和技能的培训，每年主动联合学校保卫部门、医务室一起编制应急演练计划并进行实际演练，提高馆员的防范意识，以便更好地应对突发事件。

（三）构建数字化应急服务平台

在应对突发事件的同时，图书馆应急服务团队也要积极做好对师生读者的学科服务，这不仅是图书馆工作的基础，也是高校开展一切教学科研的保障。在信息技术高速发展的今天，图书馆的学科服务已不会受到空间与时间的限制，充足而专业的数字资源"储备"是开展工作的前提条件，这样才能满足不同读者的需求。以音乐学院为例，理论研究书籍、乐谱资源和音视频资源是一线教师进行教学的重要资源，图书馆在进行馆藏文献资源建设时，应科学规划实体资源和数字资源的配比，注重特色资源的建设。平时加强学科馆员与院系部的联系，了解教学与科研需求，为学科服务提供有力的保障。经过2020年新冠疫情，构建图书馆与读者的数字化应急管理和学科服务平台是当务之急。

四、疫情结束后音乐学院图书馆未来发展的几点思考

（一）加强图书馆数字服务模式的建设

经过这次新冠疫情，图书馆未来发展的大趋势已经非常明朗，高校图书馆必须从资源、服务、空间以及管理等方面加快向"智慧型"图书馆转变，加强数字服务模式的建设。图书馆可以利用大数据技术来分析不同学科、不同专业读者群体的信息需求，在资源建设和学科服务方面，进行有针对性的个性化定制服务，提高馆藏资源的利用率。另外，可搭建机构知识库为高校内多专业、多类型的读者提供教学、科研和管理上的学科服务。

（二）强化馆员素质，加强服务意识

俗话说得好，"打铁还需自身硬"。疫情期间馆员们的工作表现及服务，也暴露出很多问题，如责任心问题、能力参差不齐的问题等等，这些都令人担忧，亟待解决。高校图书馆是一个为教学科研服务的团队，必须不断提升团队的核心竞争力，并且必须增强自身的危机意识——做得不好，终有一天要被社会淘汰。因此，针对馆员的综合素质制订业务培训计划，加强专业知识的学习，强化责任意识。馆员的专业素养、信息服务能力得到提高，才能更好地应对突发事件。

（三）开展信息素养教育，提升公众素质

目前，国家正在抓紧制定《"十四五"国家信息化规划》，发展数字便民服务，健全多层次的社会保障体系，提高公众的信息素养是我国信息化建设的战略需求。高校图书馆作为信息知识的传播中心，不管是平时还是在应对突发事件时，都应担负起良好媒介的责任，为大众传播正确的、正能量的信息，多途径多形式普及信息获取技能，让大众学会辨别真假信息，并掌握利用信息解决问题的技能，从而达到提升大众信息素养的目的。

（四）构建前瞻性的特色馆藏音乐资源体系

高校图书馆要全面保障学科发展建设需求，离不开相关特色文献资源的支撑，为了做好文献保障工作，需要考虑到读者需求和文献价值，文献资源体系必须具有一定的前瞻性，且符合学校的学科特色。近年来，国内高校图书馆数字化进程不断推进，为研究者提供了较好的文献环境。但是，由于数字资源分散、访问受限、利用率不高等原因，高校图书馆在建设符合自身特色文献资源体系方面还需继续努力。

近些年来，我校图书馆积累了大量的馆藏特色音乐文献资源，包括本院专家学者的专著、音乐作品、手稿、图片等珍贵的艺术档案资料，上万张涵盖中国唱片总公司、胜利唱片公司、百代唱片公司等出版的黑胶唱片，但由于存在知识产权归属、项目经费、技术开发、人才队伍配比等问题，未能形成规模化的特色馆藏音乐资源体系。为此，我们应该将这些珍贵的资料进行全面、系统、有序化的分类、整理，形成具有我校特色的音乐馆藏资源。特色馆藏音乐资源体系的构建，可以更好地为我校教学与科研服务，促进我校特色办学和"一流学科"建设。

（五）建设智能化的音乐图书馆

当校园师生们面对着海量的音乐信息资源，往往因缺乏获取信息资源的专业技能而感到困惑。为此，有必要通过大数据技术和人工智能手段，为广大师生提供"一站式"便捷信息资源获取方式，从而不断提高信息资源服务的能力和效率。一是要充分利用人工智能技术，综合运用音乐专业术语和人工语言，突出便捷性与实用性，使图书馆走向智能化。二是通过大数据分析，以用户文献检索偏好为基础，分析用户的潜在需求，使人与信息资源之间架起一座桥梁，为用户提供个性化的信息资源服务。三是要形成智能化图书馆数字音乐资源推广系统，结合读者所在院系、所学专业等基本信息和阅览痕迹，为读者推送个性化的音乐信息资源，再根据读者获取文献资源后反馈回来的信息，不断进行优化完善，从而建立智能化数字音乐资源推广系统。

五、总结

音乐学院图书馆只有牢牢树立高度的忧患意识,平时做好应急管理和服务演练,才能积极地面对突发的公共事件,有条不紊地为师生读者提供学科服务。中国音乐学院图书馆作为辅助教学科研的重要学术机构,凸显了在教学科研领域中除人才以外的资源优势。中国音乐学院图书馆将进一步健全应急管理,提升服务水平及层次,努力为学校创建高水平研究型大学提供高水平、有特色的学科服务。

参考文献

[1] 中国政府网:《中华人民共和国突发事件应对法》,http://www.gov.cn/ziliao/flfg/2007-08/30/content_732593.htm

[2] 黄如花:《从重大突发公共卫生事件的应对谈信息素养教育的迫切性》,http://edu.china.com.cn/2020-03/02/content_75763055.htm

[3] 李淑敏:《"后疫情时代"大学图书馆信息资源建设:海外动态与趋势分析》,载《大学图书馆学报》,2020年第4期。

[4] 黄勇:《智能图书馆研究综述》,载《科技情报开发与经济》,2014年第5期。

[5] 吴铃林:《人工智能:图书馆数字阅读推广的新型助力》,载《山西档案》,2018年第6期。

本文是中国音乐学院校级科研项目"后疫情时代艺术院校图书馆信息资源建设与读者服务研究"(项目编号:YYB2209)的科研成果之一。

嵌入式服务在艺术类高校图书馆中的实践与启示

张紫薇

摘要：近年来，"嵌入式"服务作为学科服务深化发展的新阶段，获得图书馆界的普遍认可。本文基于中国音乐学院图书馆在"嵌入式"学科服务工作中的实践与探索，对嵌入式学科馆员的角色定位、嵌入式学科服务的服务内容、服务模式以及工作特色进行分析与思考，以期能为其他艺术类高校图书馆提供一些有益的参考。

关键词：艺术类高校图书馆；嵌入式服务；嵌入式馆员；中国音乐学院图书馆

在数字化时代背景下，读者（用户）习惯于通过网络与搜索引擎获取信息资源。传统图书馆作为信息中心的地位受到挑战，与用户渐行渐远。基于此，图书馆界迅速做出应对，积极转变服务模式，推出学科化服务、嵌入式服务等全新的图书馆运行机制。其中，"嵌入式"服务是"学科化"服务的延伸与深化，嵌入式学科馆员也被称为2.0版本的学科馆员[1]。其最大特点是强调"无缝地、动态地、交互地融入用户的过程之中，将服务的触角延伸到一切有用户存在的地方"。嵌入式服务是图书馆人为顺应数字化信息环境而推出的新型服务模式，也是"用户中心论""泛在化图书馆"等现代化图书馆管理理念的集中体现[2]。

一、中国音乐学院图书馆的嵌入式学科化服务

中国音乐学院（下文简称"我院"）是中国唯一一所以国学为底蕴根基，独具中国音乐教育和研究特色的世界一流高等音乐学府。作为教育部"一流学科"建设学校、"中国乐派"高精尖创新中心学校以及"全球音乐教育联盟"总部基地学校，我院秉承"承国学、扬国韵、育国器、强国音"的理念，以培养中国音乐理论、中国音乐创作、中国音乐表演专门人才为己任；倡导和建设"中国乐派"，探索独立自主的中国音乐教育体系，引领世界音乐教育的前进方向，素有"中国音乐家的摇篮""中国音乐的殿堂"的美誉。

中国音乐学院图书馆（下文简称"国音图"）作为专业艺术类高校图书馆，集高校图书馆与专业图书馆的"双重"身份和职责于一身，是我院的文献资源保障中心与信息服务中心[3]。多年以来，国音图的工作始终围绕着我院鲜明的办学理念与专业定位而展开，因此形成了有别于综合性大学图书馆的特色馆藏资源和服务方式[4]。

（一）中国音乐学院图书馆的学科化服务历程

在当前数字化信息环境下，我院师生的信息获取渠道趋于多元化，信息需求也在不断变化。国音图顺应时代变化与读者需求，在大力推进馆藏资源数字化建设的同时，积极转变服务意识——变被动服务为主动服务、变参考咨询服务为信息知识服务，以求全方位、立体化地满足专业音乐从业人员的个性化信息需求。

2011年9月，经过充分的理论论证与多方实地考察，国音图正式引进学科馆员制度：以馆内竞聘的形式，招募兼职学科馆员10人，为我院的教学、科研以及艺术实践活动提供学科化服务。首批学科馆员在保证本职工作正常进行的基础上，面向全院11个系部、30多个专业研究方向的近千名师生与科研人员，探索性地开展资源与服务的宣传、推广工作。学科馆员从熟悉馆藏资源、学习数据库使用方法，到面向全校宣传学科服务内容与形式；从与对口服务院系的师生建立联系、了解他们的信息需求，到向对口读者提供参考咨询服务、

组织师生参加信息素养培训。学科馆员工作的开展，集调研、学习、宣传与服务于一身，为建立适应我院教学与科研工作特色的学科化服务模式积累了初步经验。

2016年初，为进一步提升学科服务质量，国音图将学科服务升级为"嵌入式"服务模式，将学科馆员的工作进一步深入我院的教学与科研场景中。[5] 为此，国音图成立了学科服务部，将学科馆员的人数精简到5人，组成新的"嵌入式"学科服务团队。由于人员有限，新团队采用专职与兼职相结合的工作形式：除一名来自学科服务部的成员为专职学科馆员以外，另四名分属图书馆其他业务模块的组员仍然以兼职的形式展开学科服务工作。这五人均为各部门业务骨干，同时也是第一批学科馆员中服务质量获得院系师生普遍认可的成员，由主管业务的副馆长带队，为全院各系师生提供更深层的信息知识服务。

（二）嵌入式馆员的角色定位

在嵌入式学科服务模式下，国音图将嵌入式馆员的工作职责与角色定位归纳为三点：

1.图书馆与读者之间的"联络人"。嵌入式馆员作为图书馆与读者之间的桥梁，在嵌入式服务工作开展的过程中始终强调图书馆与院系部门之间的联系。在保证学院师生与图书馆联络渠道畅通的基础上，深刻了解用户的信息需求，时刻把握用户需求的动态变化，并及时对服务内容与服务方式做出相应的调整。

2.用户信息素质教育领域的"导师"。嵌入式馆员肩负着培养读者信息素质能力的重任。古人云"授人以鱼不如授人以渔"，嵌入式馆员要作为用户在信息获取与使用方面的领路人，而不是用户手中的"拐杖"，即嵌入式馆员要帮助用户掌握信息获取和利用的方法，而不是简单的替代用户查找和利用文献。只有当用户在嵌入式馆员的帮助下掌握了信息获取与利用的能力，馆员的价值才得到凸显，嵌入式服务的目的才得以初步实现。

3.教师与科研工作者的"合伙人"。嵌入式馆员集学科知识背景与图书情报学专业技能于一身，其工作性质具有明显的"两栖式"特征。在高校教学与科研工作中，嵌入式馆员要充分发挥自身特色，作为对口专业学术信息的组织者、利用者和发布者，同时又是学科教学与科研工作的参与者、规划者、管理者和决策者。如我院教师与科研人员经常会邀请全国各地的民间音乐家到学院做学术研究性质的演出，国音图鼓励学科馆员积极"嵌入"这些学术活动，协助教师接待到访的艺术家，提供专业设备与技术人员对演出进行全程拍摄、派遣相关专业背景的学科馆员参与演出后的学术讨论等等。学科馆员在参与了几次这样的活动之后，其专业程度与工作能力迅速获得了教师们的认可。目前，教师与科研人员在组织此类校园内的艺术实践活动时，首先就会想到国音图的学科服务小组，主动邀请馆员参与其中。更有教师希望馆员今后可以参与到校外艺术实践活动中去，这一点也是国音图嵌入式学科服务进一步深化"嵌入式"服务的工作方向之一。

二、中国音乐学院图书馆嵌入式学科服务的工作内容

在具体工作内容上，国音图学科服务小组从馆藏资源建设嵌入读者环境、信息素质教育嵌入课堂以及专业课程嵌入教师教学三个层面着手，将图书馆的资源与信息化服务有机地融入教学、科研与艺术实践活动一线、嵌入读者环境[6]。

（一）嵌入馆藏资源建设，构建"双一流学科"资源保障体系

作为中国高等音乐教育领域的开拓者、探索者和引领者，"传承及发展中国音乐"是我院的办学核心，更是我院所肩负的历史使命。在馆藏资源建设方面，国音图始终密切配合我院独具特色的学科发展与科研需求。一方面，国音图长期跟踪采购中国作曲家作品与中国音乐家历史文献，尤其在古代音乐家研究文献与现当代海外华人作曲家（如陈其钢、谭盾、郭文景等人）作品的文献储备方面，领先于国内众多高等艺术院校。另一方面，国音图的特藏部还专门成立了艺术档案工作小组，目前以"抢救性"搜集我院老艺术家、研究型学者的教学资源与学术成果为工作重点；间或录制外单位音乐表演艺术家的教学资

料与艺术活动。在此基础上搭建的"艺术档案资源库"数字化平台目前已对读者开放。

音视频资源的异常丰富是音乐与舞蹈学学科的专业特色。国音图的音视频特色馆藏资源建设工作在传统音乐、民族民间音乐、跨流域音乐传播等方面尤为突出。每年，图书馆都会组织几场大型的采风活动，由馆领导带队、多媒体资源制作部的馆员跟随，同时邀请从事传统音乐研究的教师作为学术顾问，深入田野中去采集民族民间音乐。多年来，国音图记录下许多濒于失传的传统音乐曲种曲目，并对这些珍贵资料进行数字化加工，形成"中华传统音乐文化资源库"，为民族音乐文化的保存与"中国乐派"的发展预留下了宝贵的财富。

在新的信息环境下，国音图人深谙"酒香也怕巷子深"的道理，不仅仅满足于文献资源的收集与存储，还不断探索着资源推广的新方式与新渠道，逐级加深资源推广的深度与广度。在学科化服务工作的筹措阶段，国音图的学科馆员们就为各类馆藏资源编写了馆藏目录、信息索引、专题导航、特色资源介绍、数据库使用指南等二次或三次文献，为资源推广做好了前期准备。在学科化服务的形式与手段上，2016年以前，学科馆员们主要以口头告知、发送电子邮件、电话/短讯/QQ通知、在馆内多处投放资源推广资料等形式向读者进行推送。2016年以后，嵌入式馆员启用了"资源推送走出去、馆藏建设请进来"的新型服务模式。"资源推送走出去"包括两个方面，一是融入用户物理空间，到校园中、教室里、课堂上去做馆藏资源推介与宣传；二是嵌入用户虚拟空间，借助图书馆网站、官方微博、微信公众号、微信群等一切新出现的、可利用的网络技术手段与渠道进行资源推广。"馆藏建设请进来"是指让教师、科研人员以及研究生切身参与到馆藏资源建设工作中来。常见的工作形式包括两种，一是学科馆员定期带着新书目录与上述用户"约会"，共同挑选所需用书、划定书单；二是大力鼓励师生根据自身的教学、科研需求提供个人"定制书单"，图书馆对于此类订单将予以优先采购并由专人负责跟进订单执行、到馆、上架等一系列后期工作。

（二）嵌入课堂，开展信息素养教育

学科服务小组对读者信息素养培训非常重视，目前设有用户入馆教育、常规滚动式讲座、特色专题讲座、针对特殊需求的嵌入式培训等形式灵活多样、全面覆盖全院师生需求的信息素养教育课程。用户入馆教育充分利用每年秋季学期的迎新季，在新生入学教育大会上向新生介绍图书馆概况，带领新生入馆参观，发放图书馆手册，开展入馆教育。这些活动加强了用户对学科服务的了解，为信息素养教育工作的顺利开展打下良好基础。在关注师生需求的同时，学科服务组也没有忘记同样服务于教学与科研工作的广大行政、教辅岗位的同事，定期到各行政部门进行资源与服务的推介服务，还与人事处、工会联合起来，成立了教职工读书小组，定期举办阅读分享会、朗诵比赛等活动。

针对读者特殊需求的培训是国音图信息素质教育工作的重点。教师或学生提出需求，学科馆员就到课堂上为他们提供针对性的培训或讲座。例如：学科馆员受音乐学系教师之邀，每年5月、6月到该系专业课堂上为本科二年级的学生做信息素养知识培训。这些学生将在下一个学年明确专业研究方向、与学位论文指导教师完成互选，并确定毕业论文研究内容。学科馆员在于音乐学系多位教师、辅导员进行讨论之后，根据课堂进度和实际需求为这些学生开设了文献查找与数据库利用、期刊论文与学位论文写作、文献管理软件的使用、知识产权与学术道德规范等 系列讲座。以帮助这些"准毕业生"们在较短、较集中的时间内获得基本的信息检索技能与论文撰写能力，为其确定专业研究方向与学位论文题目提供具体、切实的帮助。

目前，国音图在积极筹备与制作用户入馆教育、常规滚动式讲座这两部分的慕课课程。以使常规性信息素养教育进一步规范化，方便读者随时获取，同时也使学科馆员将更多的精力投入针对性的读者培训工作中。

（三）嵌入专业课程，辅助教师教学

在管弦系开设的必修课《管弦乐艺术史》和《交响乐文献》中，学科馆员起到了全程嵌入、辅助教学的重要作用。

在课程开设前期，学科馆员积极与授课教师沟通，了解课程的教学目的、教学深度以及学生的专业程度。在此基础上深度挖掘本馆资源，编写资源索引与专题导航供教师选择教学参考书，并与教师共同编写教学大纲、参与课程设计。同时要为该课程设立专项馆藏，任课教师在课程结束前可以优先占用相关馆藏资源，由学科馆员负责管理与维护，并将教师列出的必读书目与泛读书目发送给学生。

在课程开设过程中，学科馆员要扮演多种角色，作为"学生"全程旁听课程，作为"助教"为教师准备课件及演示所用的音视频资源，帮助教师批改作业，作为"信息专家"到课堂上做专题信息素养讲座，帮助学生高效使用相关资源。

课程结束后，学科馆员协助授课教师将课程讲义整理成系统性的教材，并以此为课题申请科研项目，从而完成了从教学工作向科研成果的转变。学科馆员以课题组成员与信息专家的身份全程参与到课题研究工作中，为教师提供科技查新、代查代检、课题资料维护与追踪、科研成果评价等高质量的信息知识服务[7]。

三、在嵌入式学科服务的问题与思考

随着国音图嵌入式学科服务工作的逐步开展，学科馆员们通过自身的不懈努力，逐渐获得了广大师生的认可。有青年教师和研究生自发找到学科馆员，讨论学术问题、学习信息检索技能；有教师邀请学科馆员以"信息专家"的身份参加学生的论文开题会，请学科馆员就研究资料的全面性、权威性给出专业意见；学科馆员还受专业课导师委托，参加硕士研究生的毕业论文答辩预演，从专业层面帮学生修改与补充宣讲内容。以上种种来自读者学术专业上的反馈与"回报"，充分说明用户对学科馆员学术研究能力与图情专业知识两方面的认可与信任。尽管取得了令人欣慰的成绩，国音图的嵌入式学科服务依然在宣传力度、嵌入深度以及学科馆员综合能力等方面存在着一些不可忽视的问题。

在嵌入式学科服务开展的一年多时间里，音乐学系、作曲系和音乐教育系等注重音乐理论研究的系部对图书馆的工作给予了热情的回应；而声乐歌剧系、国乐系等专注于音乐表演专业师生则反响不大。这其中固然有部分教师习惯于去中央音乐学院查找资料的原因，也有表演专业的学生理论研究型资料依赖度较低的原因；更主要的是图书馆对资源与服务的宣传广度与深度不够，没有让这部分读者意识到学科化服务的价值与巨大作用。另外在学科服务嵌入科研方面，学科馆员目前的工作范围也仅限于参与教师个人的科研项目，没有与科研处、音乐研究所等专门的科研机构联合起来，形成长期、稳固的协作关系。最后，国音图的学科馆员大部分出身于音乐理论研究专业，工作后才开始系统地接触图书情报领域的专业知识。普遍具有专业知识背景扎实、学术研究能力强，而在图书情报学领域所有欠缺的特点。

笔者认为，以上诸多问题，其中很大一部分都可以通过三个"紧密联系"得到较为根本性的改善。

一是紧密联系读者。学科服务小组应加强与各系教师的联系与沟通，保证联系频率与沟通质量，使读者对图书馆的资源与服务产生持久的关注度，进而衍生出读者的忠诚度。在联系的过程中，要不断摸清他们的信息需求特征，制定出适合他们个性化需求的信息服务策略与服务内容，增加图书馆对师生的吸引力。学科服务小组还应该积极寻求学校科研单位的支持，以部门联合的形式，更全面、深入地嵌入我院各级科研项目中，满足科研人员在整个科研过程中的信息需求，提高科研工作的效率、加快科研人员的创新速度，使自己成为科研人员的"合伙人"与科研过程中的中坚力量[8]。总之，嵌入式馆员要具备"读者视角""读者立场"[9]，以读者的眼光看待问题，从读者的立场处理问题，真正做到"以读者为中心"，确保学科服务的逻辑起点、模式策略、内容手段以及最终目的都符合读者的心理预期和真实需求。

二是紧密联系馆藏资源。传统意义的馆藏资源是图书馆的物质基础，特色馆藏资源更是每一个专业图书馆立身之本。在推行学科化服务的同时，要坚定不移地继续图书馆馆藏资源建设，尤其是特色资源建设，这两者是学科化服务顺利开展的物质依托和坚实后盾。如果脱离于丰富的馆藏资源、忽视了资源建设，学科化服务就如同无根之水，难以为继。换个角度来说，一个对自身馆藏资源都不甚清楚、心生怠慢的学科馆员，很难取得读者都发自内心的信任。

三是紧密联系网络技术与手段。学科馆员的知识结构与能力水平直接决定着学科服务的质量，要想成为一名合格的学科馆员必须"两条腿走路"，不断提高学科背景知识与图书情报学技能两方面的水平和能力[10]。一方面，学科馆员既要有在专业学识上具备与教师及科研人员平等对话的能力，又要有高超的信息素养和知识服务能力。另一方面，学科馆员必须全面而熟练地掌握多种现代化技术手段，可以运用信息技术手段和方法进行网络存储、获取、发布和传递信息，保证为读者所提供的学科化服务的层次与深度。

四、结语

在国内艺术类高校图书馆中，国音图对学科化服务的探索起步较早。自工作开展以来，我馆始终对密切关注着国内外图书馆的最新理论研究与实践成果，坚持资源主导与服务主导并重、物理嵌入与虚拟嵌入同步进行、专职馆员与兼职馆员分工协作等模式的具体应用[11]。国音图嵌入式学科服务小组将不断学习、不断成长，下一阶段工作目标是进一步寻找高效持久的宣传推广手段、努力提高学科馆员的综合能力、争取更高级别的行政支持、制定科学合理的考核与评价机制。随着我院入选"双一流学科"学校，以及"中国乐派"高精尖创新中心的创立，国音图将进一步推进学科化服务模式，持续深化"嵌入式"服务的维度，探索出与我院办学特色与专业定位完全匹配的学科化服务机制。

参考文献

[1] 初景利、张冬荣：《第二代学科馆员与学科化服务》，载《图书情报工作》，2008年第2期。

[2] 刘颖：《嵌入用户环境：图书馆学科服务新方向》，载《图书情报知识》，2010年第1期。

[3] 陈进：《大学图书馆学科化创新服务体系构建》，载《上海高校图书情

报工作研究》，2008年第3期。

[4] 马英珺、高岩:《我院图书馆特色数据库的组织与建设》，载《中国音乐》，2008年第2期。

[5] 陈廉芳、许春漫:《高校图书馆嵌入式创新服务模式探讨》，载《图书馆工作与研究》，2010年第8期。

[6] 初景利:《学科馆员对嵌入式学科服务的认知与解析》，载《图书情报研究》，2012年第3期。

[7] 谢守美、李敏、高红、王文莉:《基于嵌入式科研服务的学科馆员与科研人员的协同信息行为》，载《情报理论与实践》，2017年第1期。

[8] 陈全松:《高校图书馆嵌入式学科服务模式的实践与思考——以厦门大学图书馆为例》，载《图书情报工作》，2012年第4期。

[9] 李明媚:《高校图书馆服务教学科研的桥梁——浅析"学科馆员"制度建设》，载《高校图书馆工作》，2010年第5期。

[10] 初景利:《我国图书馆学科服务的难点与突破》，载《大学图书馆学报》，2013年第6期。

[11] 谭丹丹:《对学科化服务背景下嵌入式图书馆服务的思考：定位、关键步骤及挑战》，载《图书馆杂志》，2012年第2期。

本文发表于《新世纪图书馆》2019年第1期

艺术档案管理

元数据在音乐家手稿档案建设中的应用

马英珺

摘要：论文结合中国音乐学院图书馆艺术档案整理和数据库建设工作实际，首先对音乐家手稿档案进行了界定和分类，然后根据其特点探讨具有可操作性的音乐家手稿档案的元数据方案，以期对珍贵的手稿档案资源进行长期保存和有效管理，实现艺术档案资源的互通和数据共享。

关键词：音乐家手稿；艺术档案；元数据

作为艺术档案的重要门类之一，音乐家手稿档案的收集、保存和管理日益成为音乐院校图书馆信息化建设的重要内容，而利用元数据规范对手稿档案进行有效地组织与描述并开展数据库建设工作，则是实现艺术档案管理、资源长期保存和数据共享的最有效途径。

一、音乐家手稿档案的界定

美国民俗中心档案馆将音乐档案分为六种基本类型：纸质材料、录音资料、图形图像资料、动态影像资料、手工制品以及电子媒体资料。本文所探讨的音乐家手稿档案则属于其中纸质材料的一部分，它泛指音乐工作者在以往的音乐创作、音乐表演、音乐教育、音乐研究等工作和活动中形成的，由音乐家亲笔书写或誊抄的，反映其艺术成果，记录其艺术成就的各种纸质原始信息记录，主要包括乐谱手稿、音乐文稿、音乐笔记、音乐教材、来往书信等。

二、馆藏音乐家手稿档案的特点

中国音乐学院图书馆收藏了安波、马可、李凌、张肖虎、黎英海、李西安等著名音乐理论家、作曲家的手稿作品，这些手稿门类丰富，形态多样化，是不可再生的的稀缺资源，具有相当的学术价值和利用价值。

与此同时，面对这些纸质手稿日渐明显的损毁现象，对其进行规范化整理和数据库建设的工作势在必行。在这一过程中我们发现，手稿档案因缺乏约束性规范以及多层级结构关系（比如随手稿所附带的信件、照片、图片、分谱、文字注释等）等特点，造成档案内容、形式等大量元数据缺失的现象，使得数据库建设工作无法顺利开展。

三、馆藏音乐家手稿档案的元数据方案

由于元数据可以记录档案的内容、技术环境、管理信息以及各类数字化技术参数等方面的数据，它对于数字化手稿档案成果的管理、分析和利用起到至关重要的作用。因此，本馆在数据库建设工作的最初阶段，便在都柏林核心元数据（DC元数据）的基础上，以单件手稿为单位设计了详细的元数据描述框架，其中定义了6类元素，包括手稿档案内容、手稿档案源文件属性、手稿档案标识、知识产权、数字化属性和关系元数据，并且规定了元数据集合、扩展元数据等内容层面的技术和要求，试图通过这些元素对音乐家手稿档案进行多层次的组织和描述，全面概括音乐家手稿档案的特征和本质，使用户快速了解档案发生的时间、地点、人物、事件等内容，并能提供浏览检索以及组合各个对象的功能。

（一）音乐家手稿档案内容元数据

手稿档案内容元数据是通过描述档案本身的内容，来表现档案资源的基本特征，是应用范围最广的元数据。手稿档案内容元数据包括题名、主题、描述、语种、覆盖范围等，是档案描述的重点，更是用户查找档案资源的重要途径。

1.题名。题名是手稿档案内容的标题或名称，是必备字段和最重要的检索点，著录时应按照实体档案题名如实记录，并可以根据档案实际情况添加副题名、并列题名。如实体档案没有题名，则应在理解档案内容的基础上，准确提炼出档案标题。

2.主题。主题是揭示档案主题内容的词或词组，像音乐体裁、风格属性、剧种、乐器等检索中经常使用的元素都可在主题项中提炼出来。主题元素是在归纳档案内容的过程中形成的词汇和重要检索点。

3.描述。描述是对档案内容的简短概述，包括档案的目录、自序、摘要、创作背景、来源说明等，音乐作品中的歌词、声部、伴奏等细节信息也可著录在描述项中。对于档案自身之外的参考资料，比如在档案信息著录时使用的学术资源或网络资源，可在描述项的附注元素中进行说明。

4.语种。语种元素是描述档案内容的文字种类，著录时根据实体档案内容直接用汉语进行标记即可，如中文、中文繁体、英文、法文等。

5.时空范围。时空范围指档案内容所涉及的时间和地点。时间主要表述档案的生成时间和建档时间，可为时间点、时间段，也可以是某个时代；空间包括地名、行政辖区等，时空范围仅应用在带有明确地点标识的信件和记有地点名称的手稿中。

（二）音乐家手稿档案原文件属性元数据

手稿档案原文件属性元数据主要用来描述和表现实体手稿档案的外部形式特征，如资源类型、纸张性质、书写工具、字迹颜色、装帧方式、数量及单位、规格以及其他细节形态信息。资源类型可以从档案载体、类别、稿本等三个层级进行描述，本馆音乐家手稿档案载体主要分为手稿及其他纸质文献；档案类别分为乐谱、书信、文稿、笔记等；稿本则分为手稿原件、手稿复印件、手稿影印件、机打手稿等。资源类型的划分可以帮助用户查找某一类资料，比如用户想查看"乐谱手稿原件"，只要筛选档案载体中的手稿、类别中的乐谱、稿本中的手稿原件即可。纸张性质元素主要记录手稿原文件所使用的纸张材质和特点；书写工具和字迹颜色只需如实描述纸质原文件所使用的书写工具和呈现的颜色；手稿的装帧方式主要描述纸质文献以何种样态存在，比如散页、线装、册页式等；数量及单位元素用阿拉伯数字标注，后面加统计单位，如"5页""1张""1册"等；规格元素用来描述档案载体的尺寸及型号，如：16开、A3等，特殊尺寸的档案需要实际测量后著录，并用长×宽表示，如：362mm×256mm。实体档案的获得方式也在原文件属性中著录，说明拥有该档案的方式，比如捐赠、购买、征集、委托保存等，同时记录产生、收集、管理档案的个人或组织。

（三）音乐家手稿档案标识元数据

档案标识信息包括实体档案位置标识的卷宗号和单个档案识别的档案编号。以本馆张肖虎先生艺术档案为例，ZhangXH-B1-F1（B=Box, F=Fold），表示张肖虎艺术档案第1盒中的第1袋，卷宗号由全宗代码开始，后接档案盒编号与档案袋编号，各部分以"-"连接。档案编号是本馆为每一份单个档案设计的符号，由"机构代码+全宗代码+类别代码+类别内排序编号"构成，如：LCCM-ZhangXH-MS-W001，表示中国音乐学院张肖虎艺术档案中的第一份手稿文稿。

（四）音乐家手稿档案知识产权元数据

知识产权元数据是对档案资源本身的权限说明或被赋予的权限说明，包括著作权、财产权、使用权、档案密级和隐私级别等，涉及档案作者、相关责任者、档案提供者、档案捐赠者以及档案保存单位、管理部门和权限管理说明等元素。

著作权通常归属档案作者及相关责任者，著录时应将责任者与对应的创作方式一同著录，即"作者名字+责任方式"，比如：作曲×××；作词×××；编曲××等，中间无需空格或标点符号。为了确保档案信息描述的真实性与可靠性，需要对档案内容创作有贡献的每一位相关责任者和责任方式都尽可能地描述和标识出来。

档案财产权归属档案提供者或捐献者，档案使用权归属档案收藏部门或管理部门，著录时应将这些元素一一对应进行记录。另外，无论是公开发表论文，还是在网络上使用本档案内容后必须注明档案名称、档案号和档案收藏机构。总之，知识产权元数据可控制对档案资源的使用范围，在一定程度上保护档案资源的安全。

（五）数字化属性元数据

数字化属性元数据是实体档案在数字化过程中生成的一系列相关信息，比如数字化格式类型、容量大小、规格、数字化制作人、数字化时间、地点、数字化设备、存储位置等。数字化属性揭示了档案的管理特征。作为描述数字信息本身及其环境的元数据，在数字信息长期保存中起着重要的作用。

（六）关系元数据

关系元数据是描述档案内容之间相互关联和参照关系的元数据，包括关联的信息范围、信息类别、关联类型等。建立关系元数据，是元数据设计体系的重要部分，是揭示档案信息，实现智能检索的最高层次。关系元数据能够展现相关卷宗的参照以及跟人物、作品相关的其他文献之间的关联性，维护档案内容、结构、背景之间以及档案之间的关联，为多元检索和用户服务打下基础。

通过上述六类元数据集合和扩展元数据，基本上能够将音乐家手稿档案的特征属性展示出来。在具体工作中，需要结合实体手稿档案的特性，规范地提取各类元素信息，在保证档案真实完整的同时，实现档案资源的有效管理和利用。

四、结语

在音乐家手稿档案的规范化整理和数字化过程中，元数据的设计是最为核心的一个问题，它可以回溯档案的原貌以及变化过程，实现对各种类型和层次的手稿档案的结构化描述。当然，此项工作的根本意义不仅在于通过元数据的揭示，保护音乐家手稿档案信息资源的完整性，更重要的是对其进行有效开发和长期保存，充分挖掘和推广手稿档案资源背后的文化价值。

参考文献

[1]郭娜:《音乐档案的保存方法研究——以中央音乐学院图书馆为例》，载《交响（西安音乐学院学报）》，2017年第4期。

[2]杨千:《〈纸质档案数字化规范〉（DA/T 3311—2017）要点解读及内容分析》，载《北京档案》，2020年第7期。

[3]刘嘉:《元数据：理念与应用》，载《中国图书馆学报》，2001年第5期。

[4]王英玮、陈智为、刘越男:《档案管理学》，北京：中国人民大学出版社，2019年。

[5]朱德红:《基于oais的数字档案馆元数据体系构建》，黑龙江大学2009年硕士学位论文。

[6]屠跃明、翟瑶:《档案数字化的元数据研究》，载《兰台世界》，2012年第14期。

[7]李婉月、袁红:《再论EAD标准在档案信息组织中的应用》，载《兰台世界》，2012年S2期。

[8]龙芊良:《高校声像档案数字化建设的问题与思考——以北京大学为例》，载《北京档案》，2020年第12期。

本文发表于《北京档案》2022年第8期

多学科视角下的黎英海管弦乐作品手稿典藏、研究与实践意义

张紫薇

一、引言

黎英海（1927—2007）是我国当代著名作曲家、音乐理论家与音乐教育家，一生致力于中国民族音乐理论研究和民族音乐创作，代表作有钢琴曲《夕阳箫鼓》《阳关三叠》，艺术歌曲《枫桥夜泊》等众多民族风格鲜明的作品，这些作品深刻体现了中国传统文化中的意境与神韵。黎先生在音乐理论研究方面的贡献更加突出，他的《汉族调式及其和声》（1959）是我国第一部"第一次系统、全面地总结、阐发了我国民族调式思维及其形态规律"的著作，"对于我国的和声学发展史具有里程碑式的意义"。客观地说，黎先生所构建的民族调式和声体系为中国音乐民族化的探索与实践提供了扎实的理论依据，中国现当代专业音乐的发展正是沿着黎先生所设想的道路摸索前行。

黎先生广为人知的音乐作品主要集中在钢琴小品与艺术歌曲这两个体裁之中。除此之外，他尚作有近20部/首管弦乐及民乐合奏作品。其中，管弦乐作品有11部/首，以影视剧配乐居多：如电影《聂耳》《伟大的起点》《种桔的人们》《海上明珠》《海囚》配乐以及电视剧《雾漫盐都》配乐等；话剧《屈原》配乐；民乐合奏作品则包括《茉莉花》《樱花》《仙鹤行》以及一套标题为《音

乐之旅》的组曲。这些作品代表着黎英海先生在大型乐队作品领域的创作成就，它们与钢琴小品、艺术歌曲一同构成黎先生艺术创作的完整面貌，且在配器与和声方面的诸多特点将帮助我们更加清晰地看到黎先生在"民族化和声"探索过程中的前行路径。遗憾的是，这些优秀的作品至今未能得以正式出版，且随着时间的流逝日渐鲜为人知。所幸，其总谱手稿已由黎先生的夫人顾淡如整理、编号并保存至今。2019年冬，我们辗转与顾老师、黎石先生（黎先生之子）等黎先生的家属取得联系，在征得其同意的情况下对这批手稿进行数字格式存贮与实体档案化保存，以求改善手稿的存放环境、延长其保存时间并丰富其存贮格式。

初见时，这批手稿是以作品为单位存放在不同的塑料袋中的，另有两个塑料袋存放着十余份尚未归类的零散手稿。因年代较久、存放环境较为复杂，这些手稿普遍存在纸张变黄与字迹褪色的情况，个别纸张已严重酸化——如《新女性》的手稿已经处于正常取用都会造成纸张边缘不规则碎裂、脱落的状况；或有较大破损——如名为《百花洲要变成金银洲》多份手稿其中之一被从中间裁为两半，早年间用于粘补的透明胶带早已失效脱落，在纸张上留下了难以清除的胶印（见图一）。

图一　严重酸化的《新女性》与破损的《百花洲要变成金银洲》

在充分考虑手稿的初始状态、现有保存手段与技术条件的情况下，项目组决定从如下步骤完成对这批手稿的数字化与实体保存工作。

其一，对手稿进行"二次校勘"。区别于单纯的档案文献学意义上的整理工作，项目组立足于音乐史学研究的观照视角并借鉴西方专业音乐领域手稿研究的方式方法，关注并结合作曲家的生活经历、作品创作背景、相关影视剧各类资料等各个方面，对手稿进行多学科联合背景下的梳理、研究与总结，最终形成每一份手稿的系统性记录文本，或可称为档案之"档案"。

在"二次校勘"的过程中，我们遇到了一些令人印象深刻的问题，现以案例的形式将详情与处理方式予以阐述，以期能够为音乐档案（手稿）整理与研究工作的不断完善提供一些有益的思考。

首先是解决了部分散佚手稿的归属问题。如前文所述，在"袋子一"与"袋子二"中存放着一些未归入各个作品的手稿，这些手稿有的带有明确的标题，如"百花洲要变成金银洲""惜颂""礼魂"等；有的带有序号与标题，如"二 迎亲""三 新媳妇到"等；有的带有简略的标注，如"误抓子"；有的则仅有数字编号。在整理工作进行之初，我们并没有将"探寻散佚手稿的出处"作为工作的重点，只是在各种资料不断充实的过程中逐渐找到了追寻的方向。如在整理名为《百花洲要变成金银洲》（存放在"袋子二"中）的多份手稿时，我们先是发现其首页上的数字标记形式①、⑬与电影配乐《种桔的人》总谱中的数字标记形式相同，且在这批手稿中仅有这部作品使用了这种标记方式。于是我们找到并完整观看了这部电影，从而发现《百花洲要变成金银洲》既是电影的片头曲又是片尾曲，可以说是整部配乐中最为重要的音乐段落。这个发现使《闽江橘子红》的电影配乐更加完整，也进一步夯实了后续手稿出版工作的基础。

这方面的第二个实例是关于话剧配乐《屈原》（Gu 80）的。《屈原》是郭沫若于1941年创作的历史题材话剧，1942年在重庆首演，原配乐者是作曲家刘雪庵。黎先生的《屈原》（下文简称"黎版"《屈原》）手稿最初只包括一份名为《雷电颂》的管弦乐总谱手稿（36页）与钢琴三重奏手稿（6页），除此之外没有任何的文字记录与说明。直到我们在"袋子二"中发现了标题为"惜颂（诵）"与"礼魂"的两份手稿（各一页），上面有黎先生亲笔记下的创作缘起。这些"故纸堆"中的发现不但向我们提供了"黎版"《屈原》的创作背景，也使整部配乐作品更加完整。无论我们将这份手稿作为一部音乐作品来予以艺术上的呈现，又或是将其视为一份珍贵的历史档案来丰富我国的现当代音乐史料的研究工作，"完整性"都是不可忽视的首要前提。

其次是页码标记的问题。这些手稿均都带有原始的页码标记，但又比较普遍的存在标记不完整、漏记或重计等现象。此外还有一些从档案整理的角度看起来比较随意或特殊的情况，诸如标记位置不固定、封面与空白页不计入页数、一部作品因多乐章形式而在内部设置多种页码标记等。而我们通常遇到的是多种情况并存的手稿，它们为统计工作带来了附加的难度。档案学研究有自己专业的页码统计方法，但我们在这里要强调手稿原始页码标记的重要性：这些标记通常是我们判断页面缺失与音乐连续性的重要依据。以电影配乐《海囚》的手稿为例，总谱谱面上原有三套页码标记：一是以"页"为单位进行编号，标记位置为奇数页的右下角和偶数页的左下角——这个标记贯穿了整套作品的始终，在三套页码中最具连续性。二是以音乐段落为自然分隔、以"纸张"为单位，在每张乐谱正面的右上角添加标记页码——即每两页乐谱分配一个标记。这种标记法不具备连续性，仅限于每一个完整的音乐段落内部且有些段落中没有此类标记。三是依旧以音乐段落为自然分隔，但细化到以"页"为单位，在每一页乐谱的下方正中添加"音乐段落号+页码"形式的双重编号，如第28段音乐的第一页标记为28[1]。

通过详尽比照与分析这三种页码标记，我们还原了作曲家在做这些标记时的意图，将之记录下来作为后续研究者可参照的可靠信息。同时在核对的过程中，我们发现第一种标记下的第109页之后是第120页，这意味着可能有10页乐谱遗失了又或者仅仅是编号时的失误。第三种编号在我们的判断过程中起到了关键作用：首先，第109页在第三种编号中的标记是"28[4]"（即第28段音乐第4页），而第120页同样的位置则标有数字"5"——次级数字的连续性表明了109与120之间不存在乐谱缺失的可能性；其次，我们在此基础上对谱面标记和音乐本身加以审视，发现从109到120的小节数标记是连续的，而两页乐谱中的音乐在调性、乐器运用、旋律走向等方面都存在着高度一致性与延续性；最后，为了审慎起见，我们找到了这部电影，对照总谱与电影情节配乐的实际演奏效果，最终得出 109 — 120 为页码标写错误的结论，排除了乐谱缺失的可能性。

其二，数字化加工与存储。在此，我们无须再次强调档案数字化的重要性与必要性，仅讨论具体的数字化保存与应用方案。综合手稿的永久保存、使用场景、现有设备与技术手段等多方面的考量，这批乐谱的数字化按照"两种格式"与"四种规格"并行的标准进行扫描与存储，即将手稿扫描成 TIFF 与 JPEG 两个格式，同时 TIFF 格式又分为"600 分辨率"与"300 分辨率"两种规格；JPEG 格式又分为"无压缩"与"压缩至 10%"两种规格（见表 1），由此产生由大到小四种数字化档案，其中最大的文件（600 分辨率 TIFF）用于永久保存，第二大的文件（300 分辨率 TIFF）通常用于制作展览用的海报等文宣产品，第三大的文件（无压缩 JPEG）用于支持教学、科研以及资源共建共享等工作，最小的文件（压缩至 10% 的 JPEG）则用于馆藏特色资源数据库的建设 —— 后两种文件除以 JPEG 格式存储外，另保留一份 PDF 格式以便于传输；且需要添加馆藏 logo 水印，在此之后方可使用。

表 1

扫描格式	文件规格	存储格式	有无水印
TIFF	分辨率 600	TIFF	无
	分辨率 300	TIFF	无
JPEG	无压	JPEG 与 PDF	有
	压缩至 10%	JPEG 与 PDF	有

其三，建立无酸保存环境。这是一项针对全部手稿的工作，其环节由内而外包括：（1）逐页添加无酸垫纸，（2）以无酸纸包裹整套作品，（3）将包裹好的乐谱放入定制无酸乐谱盒中。在这项工作开始前，最重要的准备工作之一是确定各类耗材的尺寸规格，对此我们遵循的是"定制乐谱盒尺寸＞垫纸尺寸＞

手稿尺寸"的原则，即对于二维平面的乐谱与垫纸而言，垫纸的四边都要大于乐谱以使垫纸可以完全覆盖并承托乐谱，这样在取用时将优先接触垫纸而不是乐谱本身；对于三维立体的定制乐谱盒而言，不仅其四边要比垫纸更大，在盛装乐谱时也要留出充分的高度空间以避免存放过程中对手稿的折损与挤压。

其四，制作高度还原的手稿复制品（下文简称"摹真件"）。之所以将这步工作程序放在最后来讲，是因为该步骤并不是针对全部手稿的，而仅是针对几份酸化或破损最为严重的手稿所采取的特别措施。鉴于部分乐谱的状态已十分脆弱，以至于每一次取用都会对乐谱造成不可逆的损害，因此我们利用高清扫描、微喷打印等技术手段制作手稿"摹真件"，成品在尺寸、色泽、字迹清晰度等方面均达到"以假乱真"的程度，可以充分满足布展陈列与学术性研究等需求（见图二）。至于原始手稿则予以单独封存，非必须情况下不再使用。

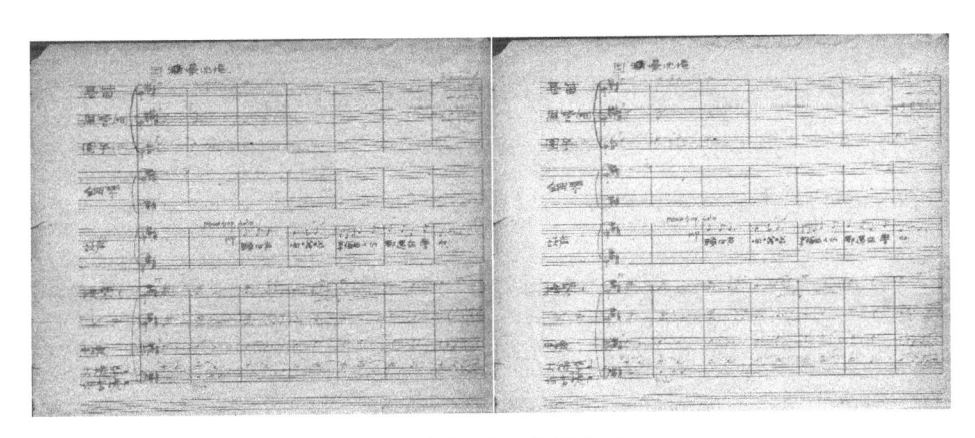

图二　手稿原件与复制品对比

二、结语

本文详述了对黎英海管弦乐作品手稿进行系统性整理、信息揭示与档案化保存的过程。在这一过程中，我们立足于档案学研究的基础，同时结合音乐史学的研究视角与专业音乐领域手稿研究的方式方法，获得了一些常规档案工作以外的经验与收获。这些经验与收获都在本文中以案例的形式分享，以期能够为音乐档案（手稿）整理与研究工作的不断完善提供一些有益的思考，也为我国现当代音乐史的研究增添这些立体鲜活而又纤毫毕现的历史记忆。

作品手稿承载着音乐作品产生的完整过程，其所蕴含的大量信息与细节能够真实、细致地反映作曲家的创作意图、思维发展历程、艺术表现过程以及其中所蕴含和希望表达的思想与情绪，而这些细节都是出版物所无法呈现的。有鉴于此，对音乐手稿的典藏与研究更适宜于将档案学、音乐史学以及西方专业音乐领域中的手稿学这三门学科加以结合，以更多维度、更深层次的研究视角与研究方法来对待音乐手稿的研究，最终使其不再仅仅是尘封的泛黄档案，而是我国近代音乐史发展路径中一个个骨肉丰满、立体鲜活而又纤毫毕现的历史记忆。

参考文献

[1] 杨善武:《黎英海民族调式研究中有待解决的问题——〈汉族调式及其和声〉研究之三》，载《音乐研究》，2004年第4期。

[2] 徐平力:《集民族之精华 创华夏之神韵——作曲家黎英海的音乐创作与理论创新》，载《音乐创作》，2012年第9期。

[3] 黎英海:《黎英海音乐理论选集》，北京：人民音乐出版社，2014年。

[4] 赵然:《还原一个真实的屈原——电影〈屈原〉形象与话剧〈屈原〉形象的比较》，载《电影评介》，2016年第5期。

本文是北京市社科基金青年项目《基于手稿等文献的黎英海音乐创作实践与理论成就研究》（项目编号：20YTC033）的阶段性研究成果。

数字化建设

新媒体时代历史声音文献数字化解决方案
——以中国音乐学院图书馆馆藏老唱片为例

靳 婕

摘要： 文章以北京市教委科技面上课题《历史声音文献修复与数字化研究》及馆藏老唱片整理项目为基础，在对馆藏老唱片进行数字化整理和研究工作中，不断完善并确定了老唱片修复及数字化处理的解决方案。

关键词： 老唱片；录音；修复；数字化

一、引言

历史声音文献，是用记录声音的载体保存下来的、具有一定历史意义的文献资料，这些载体包括最早的蜡筒、钢丝录音带、黑胶唱片、薄膜唱片、开盘带、盒式磁带等等。追溯历史声音文献的起源，应该是从19世纪中晚期开始，人类想办法记录、留住声音，并试图将声音传播出去而展开了一系列的发明。1877年美国的发明家爱迪生发明了一台既能录音又能播放的留声机，使人类能够记录下声音，这种革命性的发明影响深远，惠及到了社会的方方面面，包括人们的生产和生活。

一个多世纪后的今天，人类社会已进入新媒体时代，记录声音的载体从百年前的蜡筒开始，历经了模拟录音时代的黑胶唱片、开盘带、盒式磁带，到数字录音的CD、DVD、SACD等等，工业和计算机技术的发展为声音的录制带来了突飞猛进的飞跃，为人类留下了宝贵的历史声音文献。但由于随着时间的推移，早期的录音载体材质已变得脆弱，保存状况较差，使得很多声音文献面临毁坏。因此，从20世纪90年代开始，很多国家的图书馆、档案馆、音像资料馆开始对历史声音文献数字化开展研究工作。在我国这项工作虽然起步较晚，但随着综合国力的增强，2003年国家"十五"重点音像出版规划将抢救老唱片列为重点项目，2012年中共中央办公厅、国务院办公厅印发的《国家"十二五"时期文化改革发展规划纲要》中明确指出加快"老唱片数字资源库"的建设。笔者之所以申请《历史声音文献修复与数字化研究》课题，正是在这个大背景下基于我院图书馆收藏的大量唱片磁带等历史声音文献也面临损毁的问题而提出的。

在进行课题研究的过程中，课题组进行了大量调研工作，对国家图书馆、上海图书馆、中国艺术研究院图书馆、中央人民广播电台音像库以及国内的多所音乐院校等进行了实地调研并先后走访了许多专家学者，如中国台湾师范大学黄均人教授、首都师范大学王雨桑教授、上海音乐学院韩斌副研究员和陈强斌教授以及美国国会图书馆叶娜博士等，学习并获得了大量的宝贵经验。同时，课题组对馆藏历史声音文献进行了仔细的摸排和分类整理工作，并在实际修复整理和数字化转录研究和实验工作中总结出解决方案。本文着重以馆藏老唱片数字化研究为例，提出较为系统的工作流程及技术方案，以供参考和借鉴。

二、馆藏历史声音文献概况

中国音乐学院图书馆始建于1964年，建馆50多年以来，馆藏声音文献可分为四类：第一类，1964年建院时由前身北京艺术师范学院收藏并留存下来的老唱片资料，以及一部分建院时由合并自中央音乐学院民乐系带来的以老唱片为主的音响资料，形成了中国音乐学院最早的馆藏声音文献；第二类，1980年学院复校后图书馆收藏的开盘带，基本上为学院教师和图书馆人员进行录制的资料；第三类，1985年到1995年期间图书馆收藏的大量的盒式磁带；第四类，1995年以后到现在图书馆收藏的上万盘CD光盘。这些声音文献中很多是宝贵的中国传统音乐和世界民族音乐资料，凝聚着当时演唱者（演奏者）们的才华和录音者的心血，具有不可替代的价值，但同时它们也因为时间的久远和保存状况不佳，面临着损毁的危险。因此，当务之急是针对馆藏历史声音文献的特点，研究出一套修复和数字化技术方案并尽快应用于实际工作中。考虑到现有设备及人员情况，我们的课题研究对象定位为馆藏老唱片和盒式磁带。

（一）老唱片

中国音乐学院图书馆馆藏老唱片"从材质上可分为虫胶唱片、乙丙烯唱片和塑料薄膜唱片三种。虫胶唱片数量较少，均为粗纹；乙丙稀唱片有密纹唱片和粗纹唱片两种，粗纹唱片包括78转速直径25厘米与78转速直径30厘米，密纹唱片包括 $33\frac{1}{3}$ 转速直径25厘米、$33\frac{1}{3}$ 转速直径30厘米、$33\frac{1}{3}$ 转速直径17.5厘米、45转速直径17.5厘米四种形制；另有一小部分塑料薄膜唱片"。国内外出版的唱片均有收藏。国内的唱片有戏曲、曲艺、民族器乐、声乐（包括独唱、表演唱、歌剧）等等，主要以1949年解放后中国唱片公司出版发行的每分钟 $33\frac{1}{3}$ 转速乙烯基材料制成的密纹唱片为主。排查整理中我们发现了相当数量的20世纪三四十年代出版发行的唱片，如百代、胜利、高亭等出品的78转速虫胶唱片，以及一些标明为"样木"的唱片，录制的都是名家表演的中国传统戏曲、曲艺经典剧目和曲目，另外还整理出民族歌剧《小二黑结婚》的早期录音资料。

这些唱片在20世纪60—80年代作为可出借资料，由图书馆的唱片资料室负责出借欣赏，唱片的复本可以向老师外借，学生可以在图书馆利用唱片欣赏室的播放设备进行欣赏。到了20世纪80年代以后，随着磁带成为欣赏音乐的主要载体，馆藏老唱片被封存竖立摆放在木柜中，并且随着图书馆几经搬迁，有些老唱片严重变形，更为严重的是出现多种珍贵老唱片破碎无法再修复的情况。

随着盒式磁带的普及，图书馆曾经在20世纪80年代中期开始进行了老唱片转录工作，用唱片转磁带的设备转录了一批唱片用以出借欣赏，老唱片则不再进入流通。

（二）盒式磁带

盒式磁带是20世纪70年代兴起的一种录音载体，因其具有体积小、可录可放的性能，很快替代了老唱片和开盘带。1985年—1995年期间，盒式磁带成为图书馆主要的音响资料，为全校师生提供借阅欣赏。图书馆的馆藏盒式磁带主要分为三类：第一类由图书馆采编部从新华书店、外文书店等地购置的国内外音乐磁带；第二类为学院专家的讲座采风、各省文艺汇演、广播电台节目等录制的磁带；第三类由图书馆其他音响载体如老唱片、开盘带等转录的磁带。其中的专家讲座录音以及学院老师们去各地采风录制的资料，是非常宝贵的传统音乐声音文献。

20世纪90年代以后，随着录音技术的发展，盒式磁带被CD唱片所取代，因此，图书馆的磁带不再进行流通欣赏。2005—2006年期间，图书馆挑选出一部分磁带进行了数字化转录，存储在服务器中，在图书馆自建的音视频资源库内可以进行点播试听。

三、历史声音文献数字化解决方案

从馆藏声音文献的历史和现状来看，由于20世纪90年代以来，图书馆经历多次搬迁，并且受条件的限制，这些宝贵资源一直处于闲置状态，有些老唱片已经受潮霉变、挤压变形，面临着破损和报废的危险。因此，抢救这些珍贵的声音文献刻不容缓，那么，如何针对馆藏特点进行修复处理及数字化转储，是我们课题的研究重点。课题组在对馆藏资料进行排查后，根据学院的办学方向和专业特点，确定以不同名家录制的京剧经典唱片版本以及录制有中国传统音乐的磁带为研究内容，在修复与数字化研究和实验中总结出数字化工作流程及技术方案。由于本文篇幅所限，笔者在此仅介绍老唱片的数字化工作流程及技术方案。

（一）老唱片的数字化工作流程及技术方案

1.工作流程

老唱片数字化工作流程首先从资料的整理筛选开始，对唱片表面状态的检视记录，包括是否已有霉菌、尘垢、划痕等，并对实体资料进行著录建档；而后根据老唱片情况确定如何修复和清洗，以及播放设备、拾音设备的调试等等，这一系列的工作都要求严格按照工作流程进行，操作规范化。

第一步骤：唱片的整理甄别及元数据著录；

第二步骤：唱片的修复；

第三步骤：唱机的播放调试；

第四步骤：数字化转录及信号测试；

第五步骤：唱片的保存；

第六步骤：数字化处理后资料的著录。

2.数字化技术方案

（1）第一步骤：唱片的整理甄别及元数据著录

老唱片的整理甄别是关键的步骤之一，首先是对唱片表面状态进行仔细检视记录，可以通过直接观察、放大镜、电子显微镜等多种方式对唱片表面进行实物检查，例如盘面上的霉菌、尘垢的多少、唱片变形的程度、表面划痕及音槽磨损程度，这些情况需要进行详细的分析记录，以便为下一步的清洗、修复、重放和数字化保存工作提供重要的参考依据。由于多种原因使得尘垢、霉变、划痕、磨损，甚至碎裂成为馆藏老唱片的普遍问题，课题组在整理甄别这一操作流程上花费了许多时间，因为盘面上的问题重点影响到唱片的播放质量和数字化后的保存状态。

经过调研并根据馆藏特点，课题组确定老唱片实体资料的元数据著录依据DC元数据标准，参考国内外音乐文献著录的相关规范，并结合中国传统音乐体裁的特殊性，在数据著录的构建方面进行了新的研究和探索。课题组选取以馆藏京剧表演艺术家梅兰芳先生录制的唱片《贵妃醉酒》为例，把京剧剧目《贵妃醉酒》作为架构目标及核心词汇，围绕这一核心要素讨论设计构建元数据格式。（见表1）

表1 课题组在DC元数据基础上增加的著录项

京剧老唱片唱段著录项	
1.图像采集	封套、封皮、封底、盘心、盘身
2.主题	唱段及板式
3.收藏取得方式	（著录时填写）
4.保存现状	（著录时填写）
5.出版信息	唱片模版号
	唱片编码号
	唱段时间
	唱词
	表演者所属流派
6.编目记录	建档者、建档时间

由表1可以看出，我们在DC元数据的基础上，做了适当的扩充，增加了针对唱片的封套、封皮、封底、盘心、盘身等的"图像采集"，针对唱片出版信息的"唱片模版号"和"唱片编码号"以及有关音乐本体的唱词、表演者的流派属性等等多个著录项，使有关唱片的著录信息更加完善。

（2）第二步骤：唱片的修复

进行完第一步骤中唱片外部甄别和元数据著录后，在播放前要对唱片的盘面和音槽进行修复清洗，即针对盘面的积垢、霉菌进行清洗、灭菌、去污处理，并对变形的盘面进行矫正。碎裂盘面的修复工作较为复杂，本文不在此累述。

1）唱片的清洗

最基本的清理办法就是用软毛刷以顺时针方向顺着音槽清理灰尘，配用专门唱片清洗设备配合清洗药水清洗，再以真空方式吸净，药水与纯净水的比例视唱片的保存状况而定。

在课题研究初期，笔者曾尝试使用蒸馏水来做清洗液，也试验用蒸馏水+玻璃水+洗衣液再加大功率吸尘器清洗唱片表面，收效不是很好，因为有时几种水的比例难以掌握适度。我们选取了十多张盘面积垢、霉变程度深浅不同的唱片，经过多种方式清洗对比试验，最后确定采用了英国Keith Monks唱片清洗机和原厂配备的清洗药水用来处理盘面。这种清洗机适用于各种尺寸、种类和年代商业化生产的录音唱片，包括7、10、12、16英寸的老LP唱片、45转单面或78转双面唱片，以及早期稀有少见的唱片（如采用醋酸纤维素、虫漆、多层压制、硬橡胶制成的唱片）。（见表2）清洗后的唱片，一定要通过肉眼和显微镜观察，确保不要残留灰尘和清洗液。

表2 多种清洗方式的对比及推荐方案

清洗方式	操作方法及应用	备注
手工清洗	手工清洗就是软毛刷去除灰尘，以纯净水冲洗唱片清除污垢，这是清理唱片最直接的办法	清洗效果不足，风干速度慢，风干的过程中会吸附大量灰尘以及增加了人为意外损坏唱片的风险系数
超声波清洗	使用超声波清洗机清洗，需要液体介质做铺垫，清洗时注意清洗液选择，不选择有腐蚀性的溶液，关注功率大小和清洗时间	采用长时间的高功率密度清洗容易对精密纹路表面产生腐蚀，并且实际应用超声波清洗时采用50℃~70℃的工作温度已经接近唱片的耐热性临界点
药水清洗	目前国外有很多品牌的药水清洗剂，国内也有机构甚至唱片爱好者、发烧友都在尝试使用药水清洗唱片	英国Keith Monks清洗药水成本太高；目前国内尚无更好的清洗药水，选择药水要谨慎，以免对唱片造成更严重的腐蚀
本课题推荐方案	经研究实践，推荐采用英国Keith Monks公司的清洗唱片机和清洗药水	根据IASA推荐方案实施

2）唱片的物理矫正

由于馆藏老唱片有虫胶、醋酸纤维、氯乙烯–乙酸乙烯等多种不同的材质，这些唱片在长期存放的过程中，干湿程度不同的环境或者长期受挤压都会出现不同程度的变形。通过反复实验证明，用平整硬物（比如厚的辞典）加压压平是一个安全和有效的唱片矫形方法，只要保证足够的压平时间即可。市场上曾经有唱片平整机利用加热压平的方式对唱片进行矫正，但这种方式对唱片有潜在的损毁风险，若非明显的翘曲现象，不建议用加热压平。

（3）第三步骤：唱机的播放调试

唱片清洗修复后，在进行数字化转录前，对唱机进行调试校对是必不可少的环节，因为关系到唱片播放的音质问题。首先，唱机需要放置在一个坚固、稳定的工作台上，由工作台传来的外界震动和唱盘传导到工作台的谐振对播放效果有直接的影响。接下来就是一系列对唱机的调试。

1）唱盘的水平

对于唱盘水平的调试，我们是利用水平仪来检测的：把水平仪放在唱机的中间以及四周，确认这些地方都是水平的。在播放唱片时，如果唱盘（尤其是转盘）的水平不准，唱片的音槽两侧受力不同，会导致唱针循迹不良，从而影响到播放声音的平衡度。

2）唱机的调校

检测完唱盘水平，就需要调校唱机。在此应该说明一下，调校唱机时可根据唱片的种类和风格以及盘面的磨损程度来挑选适合的唱头。目前常用的唱头中，MM 动磁、MI 动铁的声音中频扎实饱满，力量足，MC 动圈唱头高频清澈透明。另外，唱头的角度关系到唱针在沟槽里接触的情况。如果调整不到位，容易引起角度、相位的不正确，以及杂音增多等问题。

课题组采用了 Audio-Technica AT33EV MC 动圈唱头：这款铁三角的 MC 唱头负载阻抗 >100 Ω，频响范围是 15–50 kHz，输出电压是 0.3 mv（1 kHz, 5 cm/sec），针压是 1.8–2.2 g（标准 2.0 g），垂直跟踪角度是 23°，唱针尖，形状呈椭圆形，规格为 0.3 × 0.7 mil。

3）唱头的超距

在调校唱机时，一定要注意唱头的超距。唱头的超距是指唱头的针尖与转盘轴心之间的距离。如果唱头的超距不对，容易使唱针循轨失真，出现较大的杂音，导致声音失真。经过市场调研，现在有不必调整超距的正切型唱臂，在操作过程中，只要将针尖准确设定在正切线上就不会产生水平循轨误差了。

4）唱针与针压

唱针与针压对于唱机的播放效果也是有影响的。唱针的针尖经常会附着灰尘而导致声音失真，因此在调试唱机时，应该使用唱针刷和唱针清洁液来清理唱针，并用放大镜观察清洁后的针尖。

唱针的针压是指唱臂施加到唱头的重量，保证唱头正常循迹能力所需的最小压力。不同的唱头需要用不同的针压，针压太轻或者太重，都可能导致唱头出现循迹不佳的问题，比如唱针跳槽或者磨损声槽等，因此选用精确度较高的针压器来测量针压是必须的。

5）唱机的播放

在调试唱机的过程中，为了使唱片与唱片垫有较为密切的接触，得到理想的声音，我们用铁三角唱片针把唱片固定在转盘的中心，起到避震的作用，并搭配使用转速控制器，保证准确且稳定的转速，使唱片的抖晃率降低到最低水平。

6）唱头信号放大和均衡补偿

根据不同的唱针选择合适的放大模式，并根据不同时期和不同国家的唱片选择正确的均衡曲线，对唱片信号进行还原。

课题组选用丹麦 Jrgen Vad Lydteknik 公司的 VADLYD MD12 MK3，根据目标的特点和所选唱针，把唱头放大器均衡曲线选择调整到"RIAA"选项，并打开MC唱头放大开关，依照所选唱头说明书的要求，选择100 Ω抗阻，输出选项打平即可。

7）播放效果检测

经过一系列调试后，必须对唱机的播放效果进行检测，因为唱机内置的电动传动设备容易在转速上产生误差，直接导致唱片放出的声音不稳定，出现抖晃状况。因此信号测试盘是必备的，它可以帮我们检测转速及抖晃率，通过听觉和数据检测，检验唱盘系统的调校是否合适，是否获得正确平滑的均衡曲线，同时记录下数据。

（4）第四步骤：数字化转录及信号测试

当工作流程进行到数字化转录时，我们采用硬盘录音机进行数字录音，采样频率应该支持24 bit/192 kHz，录音文件格式为 Broadcast Wave File（BWF广播波形格式），音量的渐变由软件计算调节，通过苹果电脑音频工作站来实现数字音频文件的编辑和检测，Pro Tools可以满足最高音频标准的录制和编辑。

课题组经过对比试验，建议采用Visualizer软件检测数字音频信号质量，频率误差率=频率偏移量/标准频率，符合最优异的高保真唱机技术标准。

在数字化转录过程中，最重要的是信噪比、立体声平衡度和分离度的测试。信噪比的计算结果和所取噪声的位置有很大关系。通过测试计算，并参考GY/T100-1990测试方法，1000 Hz测试信号下功率左声道最大值 −12.4 dB，右声道 −13.1 dB，最大噪音功率 −76 dB，声道不平衡度为0.7 dB，信噪比为62.9 dB；左声道信号分离度22.5 dB，右声道信号分离度20.7 dB，均满足模拟音频放音设备特性要求，证明所用播放设备能够满足正确回放唱片声音的要求。

（5）第五步骤：唱片的保存

老唱片的实体保存是一个重要环节。首先，将经过清洗并数字化转录的唱片原来已脏的内套替换成特制的无酸保护套，再将套好无酸保护套的唱片装入无酸保存盒内，这样可以有效避免霉菌、尘垢以及酸性物质的侵蚀。

其次，唱片存放环境的相对湿度需要控制在60%以下，温度控制在20 ℃左右，可有效地抑制霉菌尘垢的危害。需要注意的是，无论进行何种阶段的处理程序，拿取唱片时，都应该戴上棉质手套，以避免手触碰破坏唱片音轨纹道。

经过数字化转录的音频文件，除保留原始文件并备份后，还要做后期的音频剪辑并按照元数据著录规范进行著录存储。

（6）第六步骤：数字化处理后资料的著录

唱片经过一系列操作并数字化转录后，需要对数字文件建立完整的著录索引，如对曲目、表演者、伴奏者、作曲作词者、剧种、乐种、出版公司等等各项进行数据著录，使管理者和读者都能方便地获取所需信息。课题组在这些元数据著录项的基础上，讨论设计了数字档案著录项。（见表3）

表3 课题组数字档案著录项

数字档案著录项	数字档案著录项	数字档案著录项
1.档案类型	5.声音取样编码： （1）声音格式 （2）取样率 （3）取样位元 （4）声道类型	6.播放设备（唱机、唱头）
2.数字档名		7.转档设备
3.档案大小		8.转档日期
4.档案长度		9.数字转档操作者

由表3可以看出，我们增加的著录项对数字档案进行了详细的描述，如声音的取样信息、播放设备信息等等，从而完善了数字档案的信息。

四、对历史声音文献数字化的思考

在对馆藏历史声音文献数字化课题进行研究的过程中，笔者针对馆藏文献的现存状况、不同介质、不同模拟信号的声音文献进行了研究和实验，一是对历史声音文献进行仔细甄别，研究采用何种物理处理手段修复已经陈旧、变形的唱片，使它能够正常运转起来；二是研究如何将数字音频技术与音乐音响学相结合，具体采用何种音频技术手段消除或减弱噪点。笔者认为对于历史声音文献的修复与数字化工作任重而道远，这既是一项技术性工作，也是一项艺术性工作。作为一项技术性工作，它需要唱片物理修复清洗、回放采样、音频降噪处理以及数字化保存。通过音频技术处理，在提高音响品质的同时，还有一个艺术性的工作。这项工作决定了技术性工作的方向和程度。因为历史声音文献的核心价值在于"历史"而不在于"音响"。

因此，笔者也在思考一个问题：随着数字化技术日臻成熟，数字化后的历史声音文献，可以再现原汁原味的历史声音，那么如何让这些历史声音文献发挥更大的作用，使更多的人领略其艺术魅力？笔者认为，一是构建历史声音文献重放系统，二是国内音乐院校图书馆能够协调合作，搭建一个数字化资源共享平台，用于历史声音文献展示和欣赏，这应该是有效的解决途径。构建历史声音文献重放系统，是指利用音频播放器材搭建高质量声音回放环境，让老唱片、磁带的声音能够重放出来，为欣赏者提供品质和声场俱佳的欣赏空间。另外，国内音乐院校图书馆联盟成立几年来，举办过四届联盟会议，各馆都展示出丰富多彩的特色库资源，希望开展校与校之间的合作，实现资源的"共享"，也是各音乐院校图书馆的迫切要求。数字化资源共享平台不仅能够开发各音乐学院科研成果的作用和潜能，更重要的是，它将会成为一个传播和弘扬各民族、各地域音乐和传统文化的阵地，音乐学院馆藏特色数据库的联合"开放共享"将是一个传播音乐文化的新起点和里程碑。

需要考虑的问题：第一是搭建一个资源展示平台所需投入的人员和资金；第二是版权问题，根据我国著作权法的相关规定，高校图书馆的本校特色资源库的访问权限基本限定在本校校园网 IP 范围内，校外访问者无法使用，降低了资源库的利用率；第三是著录数据的标准问题，文献资源的元数据标准需要成员馆协调统一，才能实现工作的标准化和专业化。因此，建立资源库"开放""共享"的新格局还需综合各高校之力，共同努力才能促成。

五、结语

本课题在进行过程中，对历史声音文献的发展脉络进行了仔细的梳理，总结了经验教训，提出了历史声音文献数字化工作的系统的解决方案。与此同时，本院音乐学系的一位研究生和一位本科生先后参与本课题研究中，他们的毕业论文也由此完成，在毕业答辩中得到专家们的肯定和赞扬。虽然这项课题研究早已结题，但对馆藏老唱片的抢救工作没有停止。在课题组的推动下，图书馆于2018年申请了北京市财政专项资金，对老唱片进行整理修复编目工作，本课题的数字化解决方案也应用到实际工作中，使馆藏老唱片能够得到精细的维护保养，保存状态逐步得到改善。另外，为使更多的师生能够领略历史声音文献的魅力，2019年在图书馆第四届"中华传统文化工作坊"活动中，我们又以"历史的回声——黑胶唱片永不过时的经典"为主题，举办了馆藏黑胶唱片欣赏、讲座及百年老唱机展览等系列活动，使师生们从历史文化的角度，对历史声音文献有了较为全面的认识。下一步，我们将培养有较高音乐素质、专业技能和管理能力的专业人员，以提升本馆资源服务水平，为我院建设高水平研究型大学做出努力。

参考文献

[1]赵炳翔:《论民国年间戏曲唱片资料的保护——以中唱上海分公司为例》，载《戏曲研究》，2017年第3期。

[2]何畅:《中国音乐学院图书馆戏曲老唱片整理兼及传统京剧〈捉放曹〉的版本与校勘学问题研究》，2012年中国音乐学院硕士学位论文。

[3]吴建中:《DC元数据》，上海：上海科学技术文献出版社，2001年。

本文为2010年北京市教委科技面上科研课题《历史声音文献修复与数字化研究》（课题编号：KM201010046001）、2018年北京市教委财政资助项目"图书馆老唱片物理保存项目"（项目编号：20181007）的阶段性成果。

本文发表于《中国音乐》2021年第3期

中国音乐大典数据库的设计开发与应用

马英珺

摘要：本文从数据库的设计和应用角度出发，首先对中国音乐大典数据库的总体需求进行分析，包括建库流程、技术架构、功能模块、设计原则等，然后对数据库的内容分类以及检索功能的设计加以具体阐释；最后总结了中国音乐大典数据库的海量资源存储、基于元数据的著录体例设计、分类聚类体系、图表化数据等特点。

关键词：中国音乐；数据库建设；《中国音乐大典》

《中国音乐大典》编纂工程是"中国乐派高精尖创新中心"的建设方向之一，是"中国乐派"研究与建设的重要理论支撑。其要旨是通过梳理中国音乐的历史文化发展脉络，研究中国音乐"传世之精品"，全方位展示中国音乐的思想理论、音乐作品、音乐人物、音乐表演、音乐器物、音乐组织等各方面的发展成就，努力打造成为中国音乐历史上的"《四库全书》"。

中国音乐大典数据库是一套专门为《中国音乐大典》编纂工程而建设的典籍资源平台，内容与《中国音乐大典》收录的资源相匹配。平台的根本任务是通过对《中国音乐大典》文论编、乐谱编、音像编、图像编等不同类型的音乐资源进行采集、存储、分析、管理，实现海量资源的动态展示和各编之间的信息关联，为用户提供浏览、检索、资源推送等个性化服务，为中国音乐理论、创作、表演研究提供便捷有效的知识获取渠道。

一、数据库总体需求

数据库首先需要将《中国音乐大典》先期收录的图、文、谱、音、像等数据资料进行整理、分类、编目、修复、存档等环节，在保证原文件无损的前提下进行数字化处理、转换、加工、入库，然后根据不同类型资源的元数据规范建立索引和关联，通过资源发布平台对外发布，用户便可以通过终端进行检索、浏览、下载、视听，随时随地获取中国音乐信息资源。

1. 应用技术

系统采用经典B/S架构，基于MVC设计模式，以Mysql数据库、Solr搜索引擎、SpringCloud服务端框架等先进的开源技术作为支持，技术架构支持分布式集群，采用模块化设计，每个模块之间互不影响，分合自如，是有机联系的一体，确保在高并发下的访问速度和稳定性，同时保证系统后期升级迭代开发的延续性。

2. 功能模块

系统通过梳理实际业务流、数据流、工作流，细化软件开发方案，设计了数据库管理、数据库采集转换与加工处理、数据库发布检索、用户权限认证、系统管理等模块，并且支持门户布局、框架的自定制，功能模块、服务的扩充和调整等个性化定制，实现资源的导航浏览、发布检索、资源推送以及数据库管理和统计分析等功能。

3. 设计原则

在遵守国家相关标准的前提下，系统围绕统一数据管理、统一身份认证、统一数据共享的设计原则，规范地进行业务数据的采集、存储和应用，确保技术的先进性和稳定性、平台的开放性和可扩展性、数据的规范性和安全性以及服务的可靠性、操作的易用性，并充分尊重知识产权问题。

二、内容与分类

1. 收录资源概况

中国音乐大典数据库的内容与纸本大典文献资源内容一致,分为文论编、乐谱编、音像编和图像编。四编的收录内容大致如下:"文论编"主要收录古代与近、现、当代有关中国音乐的经典著作、论文、文集等,其作品收录标准定位为经典、典范、典型,以便于研究和了解中国音乐研究的现状;"乐谱编"收录中国古代与近现当代已出版的、民间收藏的,以及流传于海外的各类型乐谱及谱本提要,其中古代乐谱包括存见于古籍中的古代乐谱和传世于今的琴谱、工尺谱等,现当代乐谱包括中国传统音乐曲谱及经典中国音乐作品曲谱;"音像编"主要收集整理中国传统音乐各类艺术形式的音乐作品,着重于收录现当代有学者采录的、来自田野的音像资料和传统音乐作品;"图像编"主要收录中国古今一切记录、描绘社会乐音生活各个领域的音乐器物、场景、人物,以及音乐实践的、以平面视觉形象为表现形式的、具有经典意义的图像资料。四编收录的各类资源共同为"中国乐派"的建设提供理论体系的支撑。

2. 分类架构

中国音乐大典数据库确立了基于音乐研究领域的科学的、合理的分类。文论编、乐谱编、音像编和图像编是四个并列的子库,也是数据库的四个一级分类。二级分类建立在时间维度之上,文论编分古代文论、近现代文论;图像器物编亦分古代卷和近现当代卷;乐谱编和音像编分传统艺术形式与现代艺术形式等。从三级分类开始,各编内容各有侧重:如近现代文论按照资源的出版形式和来源分为图书、期刊、学位论文;传统艺术形式的乐谱和音像资源则是根据音乐艺术形式的门类划分为民歌、戏曲、曲艺、器乐等。第四级、五级、六级分类是数据库最为核心的内容,分别体现了各类资源所属的学科、专业、乐种等,七级则是具体的曲目名称。以汉族民间器乐曲谱的分类层级为例。(见表1)

表1 汉族民间器乐曲分类结构示例

一级	二级	三级	四级	五级		六级	七级
介质	时间	门类	民族	种类		乐种	曲目
乐谱编	传统艺术形式	器乐	汉族	独奏	古琴	具体乐种名称	具体曲目名称
					琵琶		
					笛子		
					二胡		
					古筝		
				合奏	笙管乐		
					锣鼓乐		
					吹打乐		
					鼓吹乐		
					丝竹乐		
					弦锁乐		

数据库在上述分类基础上确立了层次性与多元性结合的树形分类体系,并搭建了数据库分类导航架构,使得各编的分类一目了然,用户可以根据检索需求任意点击分类树前面的"+""-"符号,扩展或缩小层级。(见图1)

图1　乐谱编和文论编树形分类架构

三、检索功能的设计与使用

对于以资源为主的学术类数据库来说，检索功能之重要性不言而喻，检索结果的精确度和敏感度直接影响到数据库的使用效果。中国音乐大典数据库采用实时分布式搜索和分析引擎，实现了一站式检索、分类检索、高级检索、关联检索等功能，并且对不同信息载体之间既各自独立，又相互关联的中国音乐资源进行优化和整合。

1. 一站式检索

在中国音乐大典数据库主页面上，即设计了一站式检索框，可以同时在四个子数据库中进行检索式表达，并支持主题检索和全文检索。

主题检索即选择相应主题字段进行检索。数据库在检索框左侧设置了主题字段的下拉框，用户可以根据需求选取下拉框中的标题、关键词、摘要、责任者等字段，然后在检索框中输入对应的关键词进行检索。（见图2）在这些主题字段中（除责任者之外），系统采用了搜索引擎的分词检索功能，即把检索词拆分成多个词语，如"中国音乐学院"进行分词后就会生成"中国""音乐""学院""音乐学院""中国音乐"等，使得检索结果更加丰富。

图2 一站式检索界面

全文检索则是根据关键词在全文中进行匹配，在中国音乐大典数据库中，如果没有选择下拉框中的指定主题字段，则默认为全文检索。全文检索支持空格操作符，多个关键词使用空格连接可实现"与"检索。以查询"程砚秋"演唱的《锁麟囊》为例，直接在检索框中输入"程砚秋 锁麟囊"（使用空格连接关键词，实现"与"检索），即可在四个子库中进行全文检索，如果检索结果数量较多，可以直接点击左上角资源类型，有目的地浏览某一编的数据内容。（见图3）

图3 一站式检索结果

2.快速分类检索

中国音乐大典数据库首页下方设计了文论编、乐谱编、图像编、音像编的分类导航功能。鼠标移动到某一编目标区域的时候，会自动展开其二级分类和三级分类，用户可以根据需求点击某个分类，即可进入相应的检索结果页面。快速分类检索功能能够帮助用户快速了解数据库各编的资源内容。（见图4）

图4 乐谱编快速分类检索界面

3.高级检索

高级检索是利用布尔逻辑运算符实现多个字段的检索组合，是一种灵活、精确的检索方式。中国音乐大典数据库在高级检索页面设计了可视化的表单式检索界面，用户可以通过资源类型、检索字段、时间范围、查找方式、检索式等多个条件，任意新增或删除检索字段，并在多个字段间进行"与"或"非"等逻辑关系的组配，满足多元的检索需求，有效缩减检索范围，直接定位目标数据。在高级检索中，数据库还提供了精确查找、模糊查找以及检索字段+时间范围的检索方式。其中，精确查找不进行字段分词检索，检索结果比较精确；模糊查找对检索字段进行分词检索，可以得到更全面的检索数据；检索字段+时间范围的检索方式，方便用户根据关键词来定位某一个时间范围内的文献，提高数据访问的效率。（见图5）

图5 高级检索界面功能

4.关联检索

关联检索是在检索结果页面中根据数据库提供的检索字段进行二次检索，以缩小数据范围。由于《中国音乐大典》各编内容的侧重点不同，特此为每一编设计了不同的二次检索字段：文论编可以通过标题、关键词、责任者、摘要、文献来源进行二次检索；乐谱编可通过标题、责任者、民族、类别、流传地区进行二次检索；图像编通过标题、民族、类别、时间等字段进行二次检索；音像编可以通过标题等字段进行二次检索。关联检索可以找到更多目标之外而又非常重要的数据。

5.检索结果的显示

中国音乐大典数据库的检索结果以列表形式呈现，检索结果可以按相关度或者时间进行排序；为了醒目表现，每一条数据都将其中的检索词（包括分词之后的词语）做了高亮展示。页面左侧提供检索分类树和聚类检索功能，右侧上方还可以选择标题、责任者等主题字段继续"在结果中检索"，或者重新进行全局检索。在检索结果数据中，每一条数据都可能对应不同的附件类型，点击标题后的附件标志（不同的附件类型有不同的标志），即可浏览PDF、音视频等附件内容。每次使用的检索策略都会存放在检索记录模块中，用户可对自己的检索历史进行修改、保存、删除，如果直接复用这些检索条件可以再次进行检索。（见图6）

图6 检索结果界面

四、中国音乐大典数据库的特点

中国音乐大典数据库以资源的目录体系为纽带，整合不同类型资源，实现海量数据的存储、维护、管理、发布、全文检索以及统计、分析、应用等功能；数据库的每个子系统既可单独运行，又是有机联系的一体，分合自如，有效地梳理解决数据资源整合及数据共享的复杂应用需求。

1. 海量资源存储

中国音乐大典数据库目前已拥有20余万条数据，所包含的中国音乐信息全面丰富，体量巨大。数据库内容与大典收录的文献资源内容一致，涵盖了现有分布式网络中所有数字媒体类型。目前，乐谱编收录了中国古代与近现当代已出版的、民间收藏的各类型乐谱数据近4万条；音像编收录了中国传统音乐门类的音视频资源3万余条；图像编收录中国古今音乐器物、音乐场景、音乐人物等图像资料13万条；文论编收录有关中国音乐理论、创作等相关书籍、学位论文、期刊文献等5万余条。这些海量数据为音乐学者进行中国音乐研究提供了重要线索，为音乐艺术院校及音乐研究机构提供全面而翔实的音乐史料。

2. 基于元数据的著录体例设计

针对不同文献类型和资源内容而设计的元数据著录体例和规范，对于在不同元数据元素之间建立准确可用的映射起到非常重要的作用。为满足不同类型的文献对于元数据的不同需求，中国音乐大典数据库在遵循国际标准、国家标准和行业标准的前提下，以都柏林核心元数据为基础，制定出十几套元数据描述类型和对应的著录体例，如著作类元数据、学位论文元数据、期刊文献元数据、古代乐谱元数据、近现代乐谱元数据、民间乐谱元数据，音像编元数据、图像编元数据等等，涉及曲名、作词、作曲、演唱、传谱、演奏、伴奏、剧目、角色、声腔、民族、打谱、谱本名称、版本信息、年代、编者、提要等等上百条元素，从而可以对各种不同格式、不同来源、不同类型的文献进行有效组织、合理类聚，形成互联互通的中国音乐知识网络。

3. 完善的聚类体系

中国音乐大典数据库在四个子库的基础上，设计了科学、合理、专业的分类导航浏览体系，并根据资源类型、年代、艺术门类、民族、乐种、作品等，将相同字段、相近主题特征的数据聚合在一起，提供基于文献内容和外部特征的知识连接，有助于厘清四编内容之间的内在联系，有效解决各编资源松散孤立的问题。与此同时，数据库利用语义化共词分析方法实现基于主题的多维度聚合，形成类目体系之外的聚类层次，比如文论编提供时间、期刊、院系机构、出版社等聚类；乐谱编提供谱式、谱本、体裁聚类；音像编提供时间、采录地点聚类等；图像编提供表演照、事件照、人物照、乐器照聚类。如此这般，不同的资源类型联动不同的聚类，使得数据库的层级更鲜明，为用户提供更多的关联内容，数据检索结果也更加理想，便于知识的分享与推荐。

4.友好的用户界面和个性化功能

中国音乐大典数据库秉持"一切面向服务"和"简化用户体验"的设计原则，系统页面清晰简洁，配色轻松淡雅、栏目主次分明、结构合理清晰、数据显示集中、操作简便灵活。登陆用户可以对检索结果进行收藏、分享、推荐、下载、保存、打印等丰富的个性化服务。数据库将 PDF 文件都添加了目录，并可进行放大、缩小、旋转、全屏阅览、快速跳转等功能。（见图7）另外，数据库支持门户布局、框架的自定义以及功能模块的扩充和调整等个性化定制。

图7　详情页面的个性化功能

5.图表化数据管理

数据库后台管理系统采用 VUE+Element-ui 的集成方案，内置了 i18 国际化解决方案，提炼了典型的业务模型，设计了图表化数据分析和统计功能。业务人员可按照四编聚类特点进行学科、专业、体裁、民族、乐种、谱式等方面的数据统计和数据分析功能，分析结果以柱状图、饼状图、地图等形式展现出来，满足各编信息资源的统计和数据共享过程中的应用和管理需求，为《中国音乐大典》的进一步研究提供便利的条件。（见图8）

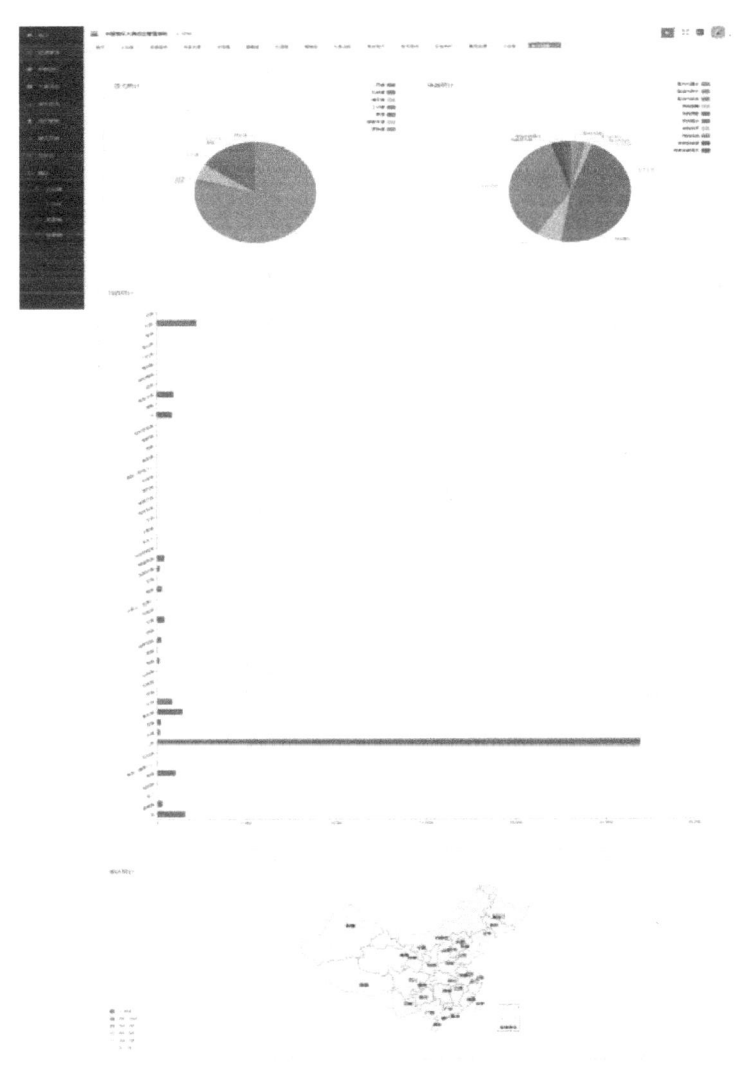

图8 图表化数据分析页面

五、结论

"中国音乐大典数据库"是《中国音乐大典》编纂项目不可或缺的一部分，同时也是学院信息化建设顶层设计的项目之一。数据库整合了《中国音乐大典》的海量数据资源，实现了对文论、音视频、乐谱、图片等多种数据资源的发布、存储及管理，为保存、传承和利用中国音乐资源，弘扬中国音乐文化发挥应有的作用。

参考文献

[1]王黎光:《院长致辞》，载《中国音乐》，2017年第1期。

[2]苏石、翟中会、刘华:《一站式检索工具在系统评价中的应用及效果评价》，载《中国循证医学杂志》，2018年第5期。

[3]陆敏、刘颖、洪正国:《CALIS专题特色数据库中心门户系统建设分析》，载《图书情报工作》，2007年第5期。

[4]刘伟:《基于内容特征元数据的多源异构科技资源关联聚合研究》，载《中国科技资源导刊》，2020年第5期。

本文发表于《中国音乐》2021年第6期

高水平研究型音乐院校机构知识库的构建探究

张　瑜　李春华　尚文佳　靳　婕　付晓东

摘要：对国内专业音乐院校机构知识库建设现状进行调研，揭示音乐院校建设知识库的必要性。在中国音乐学院建设高水平研究型音乐院校背景下，图书馆指出构建符合院校专业需求的知识库，充分考虑学者、院系、科研部门、人事部门、图书馆的需求以驱动IR的建设。基于需求分析，设计了构建流程和构建框架，并展望建立音乐知识库联盟的步骤。

关键词：机构知识库；高水平研究型大学；音乐院校；机构库构建

一、引言

随着计算机技术的发展，机构知识库（Institutional Reposity，IR）的内涵逐渐发生扩展，不仅仅只是存储知识的"储藏室"，更是对储存的知识进行挖掘，促进机构知识资产的交流、传播和利用，进而提高机构学术的生产能力和影响力。

目前国内外开展机构知识库工作的核心单位都是大学和研究机构。其原因在于这些大学或者研究机构中，学者既是知识的生产者，也是知识的重要使用者。在2020年高校图书馆知识服务与创新应用高级研修班上，上海财经大学的图书馆朱为群馆长提出"大学机构库是一项长远的具有根本性意义的基础设施"。机构知识库在学科服务、学科建设、双一流建设、提升本机构学术影响力、社会影响力方面也具有很大的潜能。在英、美、德、日等发达国家，机构知识库已经超越基本的知识储存和共享功能，发展成为能够为整个机构科研管理和创新提供支撑服务的综合性平台。

时代的大环境对高校提出了要求，高水平研究型的音乐类院校也肩负着同样的使命。作为机构知识库的主流构建部门，图书馆也在探索符合我校实际情况的、"高水平研究型大学"新措施下的机构知识库构建，考虑艺术专业的特殊性，以汇聚、保存学院师生珍贵的精神成果。对内作为校内师生所产生知识的存储、查阅、交流和利用的平台，对外作为学校学术交流、展示成果、扩大学术影响力、提升社会影响力的平台，推进提升院校的科研能力、教学能力以及影响力。

二、机构知识库内涵及国内外构建现状

（一）机构知识库内涵

机构知识库，简称机构库或IR，是对机构成员所产生的智力成果进行收集和保存的数字知识库。而这一概念也被称为机构典藏、机构仓储、机构存储、机构资源库等等。其概念自20世纪90年代被提出，随着当时开放存取（Open Access，OA）运动的发展而逐渐发展起来。现阶段，多指收集、组织、存储、管理、利用机构内的科学数据、研究成果和其他资料，实现机构领域内数字内容和资产的保存和管理（包括记录管理和内容管理）、访问、平等使用和共享（包括研究数据的复用和知识对象的复用），这一提法也得到了本领域专家祝忠明的认可。

国内首篇关于机构知识库的论文是2004年由时任上海图书馆馆长吴建中在《中国图书馆学报》上发表的《图书馆VS机构库——图书馆战略发展的再思考》，该论文揭开了我国机构知识库的研究序幕，对国内机构知识库的发展有着里程碑意义。文中指出机构库是在图书馆的外围发展起来的虚拟知识库，今后它有望形成一个全球共享的知识库。以"知识服务"为己任的现代图

书馆，不仅要整合信息资源，而且要整合各类知识资源，如大学、研究机构以及实验室形成的知识资源。

（二）机构知识库国内外构建简要现状

在机构知识库构建方面，2002年惠普公司与麻省理工学院共同研发DSPACE的开源软件，创建世界首个机构知识库，以此促进了全球学术界对知识库的积极探索和实践研究。2006年，厦门大学图书馆成为国内首个独自建设机构知识库的高校。

在国际上，有两大机构知识库的注册体系OpenDOAR（Directory of Open Access Repositories，开放获取仓储目录）、ROAR（the Registry of Open Access Repositories，开放获取仓储注册系统）。截至2022年4月5日，OpenDOAR收录的IR达到5857家，中国大陆只有65家。而在开放获取仓储注册系统ROAR中注册的IR有5445家，而中国大陆注册的仓储有96家。从这两大体系注册情况可以看出，我国机构知识库建设远远落后于美国、英国和日本等发展较快的国家，而且整体发展也较为缓慢。

在这两大注册体系中，我国以中国科学院及下属院所注册的机构知识库为主，北京大学、清华大学等高校也早有注册。国内机构知识库的发展也形成了中科院机构知识库和高校机构知识库联盟为主的局势。2016年第四届中国机构知识库学术研讨会宣布了中国高校机构知识库联盟CHAIR的成立。由于国内很多已建成的IR并没有在国外权威目录系统中注册，或者有些IR正在建设，目前国内大陆IR建设进入"广泛关注，理性参与"的增长推广期。

三、专业音乐院校的机构知识库建设调研

在中国知网的"专业检索"中，文献分类目录按所有学科，资源类型按期刊、硕博士论文、国际国内会议，2022年4月5日以"或"的关系检索主题词"机构知识库、机构库、机构典藏、机构仓储、机构存储、机构资源库、成果库"共检索到2396篇文章（未做文献清洗处理），而再用"与"的关系加上

主题词"音乐、艺术"后，仅检索到2篇相关文献。这也在一定程度上反映了国内音乐领域以及艺术领域鲜有大学或者研究机构已建、在建或者研究机构知识库。

国内目前开设音乐相关方向的高等院校包括专业性音乐院校、艺术性院校、综合性院校，其中专业性音乐院校共有11所。对这11所院校进行网络调研，有些院校的自建数据库中已建有本机构成员成果库，比如教师成果库、演出视频库、教学资源库、学生学位论文库、毕业作品库等等。我们对这11所院校进行了调研，这些专业音乐学院还未建有或者公开机构知识库。从可访问到的情况看，中国音乐学院、沈阳音乐学院、星海音乐学院、天津音乐学院、西安音乐学院、四川音乐学院已有自建数据库，其中中国音乐学院、沈阳音乐学院的自建数据库支持多条件检索，而中国音乐学院的检索更为灵活一些。

同时，我们从成果库的访问位置可以看出已建成果库的访问路径都是在图书馆页面的自建成果库中，而大部分成果库以校外IP是无法访问或者只能访问简要的题录信息。其访问位置在一定程度上反映了其受重视程度，目前国内已有不少高校和研究机构已经为本机构的知识库建立了专门的网站，且可从机构官网主页访问。

早在2018年国务院办公厅印发了《科学数据管理办法》，也是首次从国家层面鼓励研究人员整理科研数据并开放共享。但是目前诸多院校机构知识库的全文获取程度并不高，究其原因主要是院校间共享意识弱、知识产权纠纷忧虑深、开放存取管理运营难等因素。若非保密级数据能以全文的形式公开共享，在一定程度上可以提高该机构的学术影响力、社会影响力。

专业音乐院校除了与综合性高校同样展现形式的知识资产外，还具有其本专业的特殊性。音乐的数据是流动的，同一个作品在不同人和同一人的不同时期都展现了流动性。不同的音乐人有不同的诠释，对于机构来说收集存储本机构不同成员的作品，可以横向比较分析成员的作品特点；同一音乐人在不同时期对作品的诠释也是不一样的，可以纵向比较分析其艺术成长历程。音乐院校教育的受众面更广，不仅面向在校学生，还可以包括儿童启蒙教育、社会普及教育等等，可以说是一项全民素质教育，也是民族音乐的收集与传播、抢救与保护，更是传承和复兴民族传统文化的重要组成部分。因此，在音乐院校构建本机构的知识库不仅能够服务于本机构的创新、科研和管理，更具有重要的社会性意义，这是一项既迫切又必要的工作。

四、高水平研究型音乐院校机构知识库的构建研究

高水平研究型大学是一个国家的科技和社会生产力发展到一定程度的产物，是高等教育适应社会需要，在不断推动社会进步过程中，自身发展形成的一类大学形态。中国音乐学院是国内"音乐与舞蹈学"一流建设单位，是"中国乐派"的倡导建设单位，在中国音乐科研、教育方面居于引领的地位。

中国音乐至今还没有形成科学的理论体系，中国音乐学院提出构建"中国乐派"，全面建设中国音乐理论、中国音乐创作、中国音乐表演为一体的多层次教学体系，为进一步构建完善的中国音乐教育体系打下基础。构建机构知识库，将院校的音乐理论、音乐创作、音乐表演有机地整合在一起，这不仅是一种成果的展示，更能提高本机构知识的可再利用程度，助力院校的高水平研究型大学的建设。

音乐院校的科研数据，包括教师或者师生已公开发表期刊论文、会议论文、专著、专利，教学过程中所产生教学课件、教学报告，科研过程中所产生的数据、研究报告，实验过程中所产生的实验数据，个人总结、创作作品、采风记录等等，以及其他的个人经验总结等隐性知识的显性化。同时音乐院校本身又具备其自身的特殊性，视频资料、音频资料所占比例更大，构建之初需要充分考虑存储问题；在采风、作词、作曲过程中产生的灰色文献或者个人数据可能会更多一些，在知识生产过程中收集、存储、管理、利用好这些数据显得更加弥足珍贵。因此在个人空间中，允许机构成员存储个人数据十分必要。鉴于音乐教育的社会性，可以考虑开设社会教育专题，推广全民素质教育的同时也扩大本机构的社会影响力。

设计时应充分考虑到音乐院校数据的特殊性，数据类型会比较丰富，包括普通的PDF、DOC、TXT、PPT等文档格式，也会有大量的文件是AVI、

WMA、RMVB、RM、FLASH、MP4、MID、3GP等音频视频格式，以及PSD、PDD、JPEG、BMP、PNG等图片格式。这不仅在存储上有不同要求，在元数据上也有自身的特殊需求。

（一）打造专家学术名片

在音乐院校的领军人物分为两类，一种是理论研究方面的专家，一种是声乐、器乐表演方面的艺术家。不管是理论研究的文字资料还是表演的音视频资料，对于音乐院校来说都是瑰宝，都是值得珍藏的本机构知识成果。

教师和科研人员是机构知识库的主力军，在系统内可按照科研情况进行学者展示，对其基本情况、发文情况、被引量、研究方向、研究热点、演出情况、合作关系等多维度全方位展示，生成个人学术名片。也可在系统内组建科研团队、开展团队交流、分享团队成果，提高个人以及团队的学术影响。

（二）协助院系把握部门科研动态

协助院系把握院系内人员的研究方向、学科发展，可以从学者、发文趋势、被引量、收录情况、研究方向、研究主题、演出展示等多维度进行了解。除了院系学者展示外，进行院系科研产出展示，科研产出类型、产出分布时间、产出收录级别、产出相关机构、相关学者。还可进行各种趋势的展示，例如发文量趋势、被引量变化趋势、学科发展趋势等等。

（三）协助科研部门管理科研过程

科研管理系统一般仅对科研项目进行管理，对科研成果进行收录，不提供对科研成果的共享、量化、评价、分析等功能，无法对科研产生的知识进行二次利用，而机构知识库嵌入科研管理流程中，可以支持科研项目的项目过程管理、项目绩效与创新评价、项目验收，科研成果的收集与保存、示范转化与推广，科技成果档案管理，科技决策支持，科技人才培养等。对科研进行流程式的追踪、监控、分析、评价，起到支撑科研管理、辅助科研创新的作用，也尽可能解决机构成员在科研考核过程中多头填报、重复提交的困扰。

（四）协助人事部门优化职称评审

清华大学学者库已于2017年成为职称申报的学术论文来源和教师年终考核工作的学术论文数据源。尤其是在进行职称评审时，若需要教职工提供纸质材料，再进行人工审核，则过程烦琐、费时费力，也有可能会出现差错。在每类数据的表中设计一列以面向对象的方式定义的分值或者权重，支持人事部门动态的考量每种类型的数据。

在职称评审之前，系统内的公开数据都是经过审核，已经充分保证了真实性。在职称评审时，人事管理人员只需要核对本机构政策进行门槛性的筛选。对于符合条件的人员，再对其相关成果和条件赋予相应的分值，可一键计算出个人排名，公开、量化的评定也有利于激发组织内人员的生产力、创造力。

（五）协助图书馆提升学科服务

学科服务是高校图书馆的一项重要职能，机构知识库是学科服务的重要平台之一。它可以对高校的一流学科技术、人才、成果等进行展示，可以选取一流学科对标机构进行学科竞争力评价分析，可以实时公布一流学科有关国际排名、对一流学科进行动态预警，还可以借助现有机构知识库联盟模式构建一流学科机构知识库联盟（即"学科联盟"）。

五、机构知识库构建设计

基于以上需求分析，可构建出本机构知识库的架构流程和架构框架，见图1、图2所示。平台包含5个层级，分别是数据展示层、数据应用层、数据处理层、数据采集层和基础设施层。

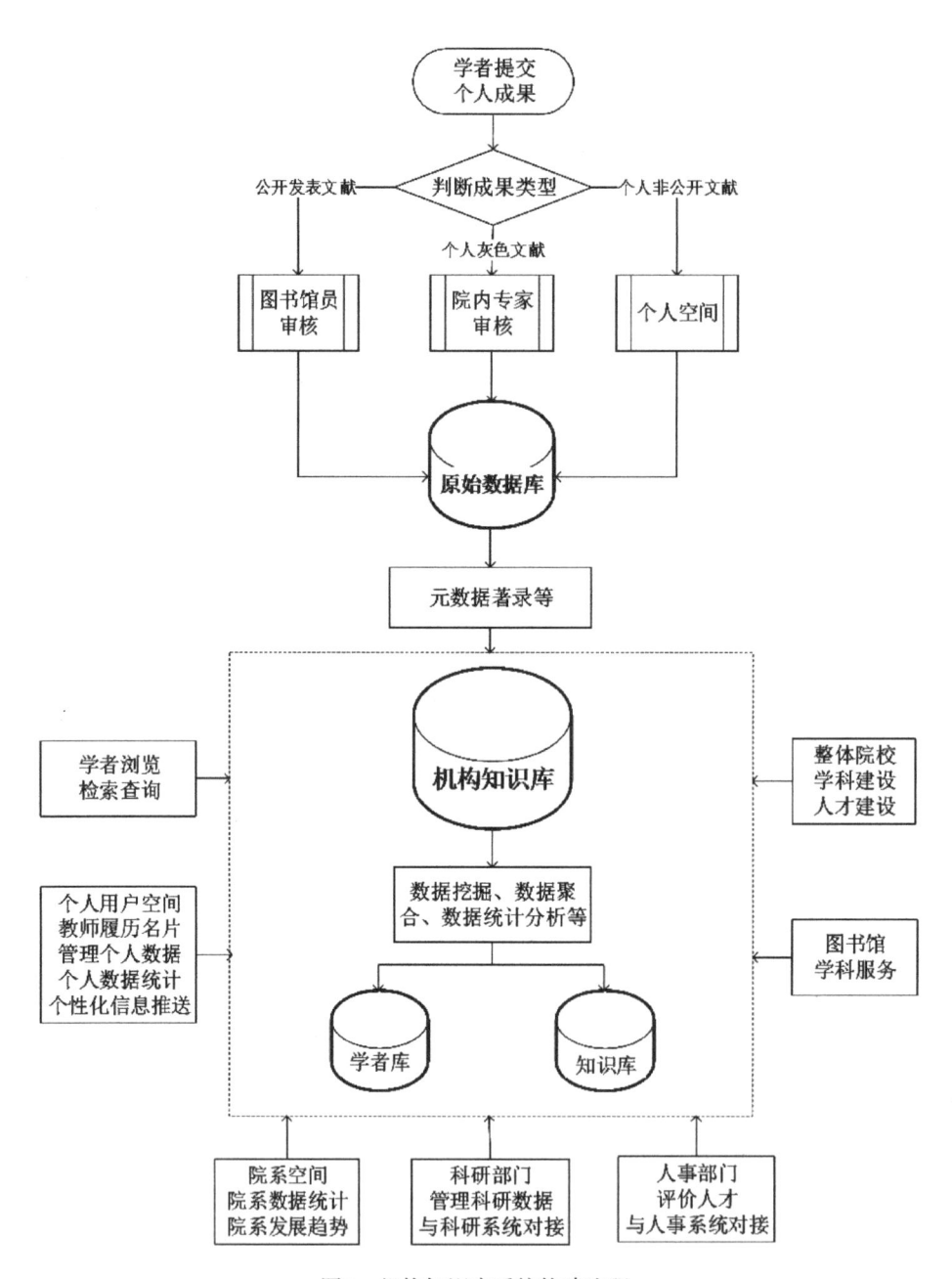

图1 机构知识库系统构建流程

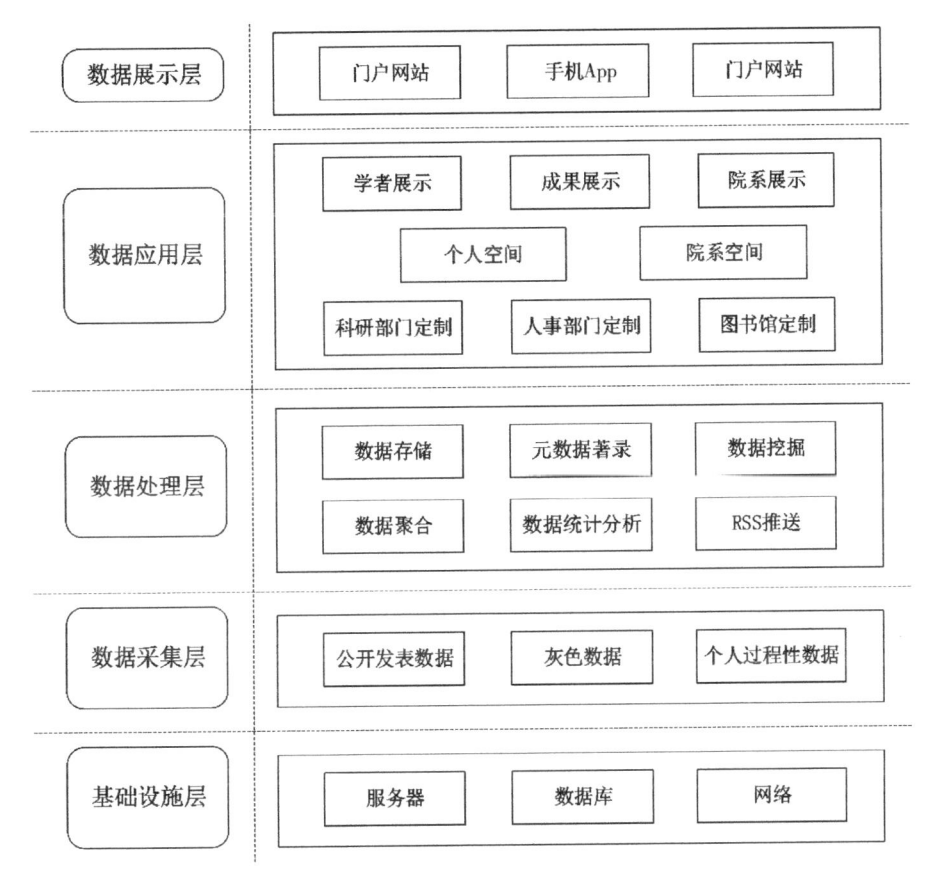

数据展示层	门户网站　　手机App　　门户网站
数据应用层	学者展示　　成果展示　　院系展示 个人空间　　　院系空间 科研部门定制　人事部门定制　图书馆定制
数据处理层	数据存储　　元数据著录　　数据挖掘 数据聚合　　数据统计分析　　RSS推送
数据采集层	公开发表数据　　灰色数据　　个人过程性数据
基础设施层	服务器　　数据库　　网络

图2　机构知识库系统构建框架

六、总结与展望

音乐的本体是感性的，是精神层面的内化和表达，而音乐院校学者们的知识成果是理性的，包括研究的文字资料和表演的音视频资料可以说是音乐的物化。鉴于中国音乐发展的独特性和专业性，我们探索构建一个集中国音乐理论、中国音乐创作、中国音乐表演为一体的机构知识库是非常必要的，将有助于院校的高水平研究型大学的建设。

我们也注意到在构建本机构知识库时，还存在许多需要进一步研究的问题，如收录范围、收录政策、版权、质量管理、元数据、语义检索、可持续发展等问题。尤其是可持续发展方面，机构知识库建设的定位应该在机构层面，建设主体也应该是机构视角，获得机构管理层的认同和支持，这样更能从机构层面挖掘建设定位、分析用户需求、设计业务流程、拓展服务功能。

中华传统音乐文化源远流长、丰富多彩，值得我们以一种系统、有机的形式记载和传承。在建设本机构知识库后，我们拟与兄弟院校建立音乐机构知识库联盟。机构知识库联盟是机构知识库建设节约成本、促进资源整合与开放共享的有效途径，机构知识库建设的高级目标则需要在联合体层面去实现。我们将分三步进行：第一步与专业音乐院校联盟，第二步与开展音乐专业的艺术院校联盟，第三步与开展音乐专业的综合性院校联盟，以期达到弘扬民族音乐、提升传统音乐研究能力的目的。

参考文献

[1]许燕、曾建勋：《面向科研管理的机构知识库建设政策与机制》，载《图书情报工作》，2015年第6期。

[2]Crow R: *The case for institutional repositories: a SARCposition paper.* Vol3, 2002.

[3]陈和：《机构知识库发展趋势探析》，载《图书情报工作》，2012年第21期。

[4]韩珂、祝忠明：《机构仓储可持续发展关键问题研究》，载《图书情报工作》，2008年第5期。

[5]吴建中：《图书馆VS机构库——图书馆战略发展的再思考》，载《中国图书馆学报》，2004年第5期。

[6]刘译阳、王峥、杨雨师：《高校图书馆创新创业信息服务驱动下知识库构建模式研究》，载《情报科学》，2020年第2期。

[7]http：//v2.sherpa.ac.uk/view/repository_visualisations/1.html.

[8]http：//roar.eprints.org/.

[9]龚亦农、朱茗：《我国机构知识库建设现状调查》，载《数字图书馆论坛》，2018年第9期。

[10]《国务院办公厅关于印发科学数据管理办法的通知》,http://www.gov.cn/zhengce/content/2018-04/02/content_5279272.htm.

[11]王黎光:《中国音乐学院高水平研究型大学建设的思考与规划》,载《北京教育(高教)》,2020年第10期。

[12]孙媛、张洁、仲跻亮、寇远涛:《农业科研系统机构知识库联盟平台建设实践》,载《图书馆学研究》,2019年第21期。

[13]郑昂、曾建勋:《数字图书馆学者库构建方式研究》,载《图书情报工作》,2020年第5期。

[14]龚亦农、朱茗、管红星:《机构知识库可持续发展战略研究》,载《数字图书馆论坛》,2020年第2期。

本文是2021年中国音乐学院青年项目"高水平研究型音乐院校机构知识库的构建研究(基金编号：YYC2112)"的阶段性成果。

本文发表于《中国教育技术装备》2023年第2期

后 记

在中国音乐学院迎来建校60周年之际，我们推出这部图书馆学科馆员研究论文汇编，深感荣幸与感慨。每一篇论文，都是学科馆员们智慧与心血的结晶，它们不仅记录了十年来图书馆工作的点点滴滴，更承载了我们对知识传承与创新的执着追求。

在论文汇编的过程中，我得到了领导们和馆员们的大力支持，从最初的选题策划到最后的编辑整理，每一步也凝聚了团队成员的辛勤努力。我们深知，图书馆作为知识的宝库，其核心价值在于为读者提供高质量的信息服务。因此，在筛选论文时，我们力求全面、深入地反映馆员们在不同领域的研究成果与实践经验，以期展现馆员们的专业素养与创新能力，同时体现了图书馆团队的协作精神与责任担当。

展望未来，AI赋能新质生产力，无疑为图书馆领域，包括音乐艺术院校的图书馆，带来了前所未有的发展机遇与深刻挑战，图书馆馆员必须持续不断地学习，以适应并引领这一变革。我们期待这部论文汇编能够激发更多馆员投身于研究与实践之中，共同推动智慧图书馆的发展。

在此，我要特别感谢所有参与论文汇编的馆员们，是你们的辛勤付出与无私奉献，让这部汇编得以顺利完成。同时，我也要感谢所有支持与帮助我们的领导、同事，是你们的鼓励与鞭策，让我们有勇气面对挑战、追求卓越。

最后，让我们携手并进，积极探索艺术院校图书馆特色建设与创新发展，努力推进智慧图书馆建设，为学校"双一流"和高水平研究型大学建设提供支撑和保障。

主编 靳婕

2024年7月